GARÇONS sur la Corde raide

Presses Aventure, une division de **Les Publications Modus Vivendi inc.**
55, rue Jean-Talon Ouest, 2e étage
Montréal (Québec) H2R 2W8, CANADA

Première édition en langue française parue en 2005.

Publié pour la première fois en 2004 par Dorchester Publishing Co., Inc.
sous le titre *Putting Boys on the Ledge*

Traduit de l'anglais par Marie-Josée Levadoux

Responsable de collection : Marie-Eve Labelle
Designer graphique : Émilie Houle
Illustratrice : Géraldine Charette

Dépôt légal – Bibliothèque et Archives nationales du Québec, 2011
Dépôt légal – Bibliothèque et Archives Canada, 2011

ISBN 978-2-89660-240-7

Nous reconnaissons l'aide financière du gouvernement du Canada par l'entremise du Fonds du livre du Canada pour nos activités d'édition.

Gouvernement du Québec – Programme de crédit d'impôt pour l'édition de livres – Gestion SODEC

Imprimé au Canada

REMERCIEMENTS

À ma mère, qui m'a appuyée dans mes études. Je t'aime. À Josh, qui m'a donné la suggestion d'écrire ce livre. À Jen-Flynn, co-conspiratrice. À ma brillante agente, Michelle Grajkowski, qui m'a poussée à écrire ce livre. À ma merveilleuse éditrice, Kate Seaver, pour avoir acheté mon premier livre et pour avoir transformé mes rêves en réalité. À Windsor School pour m'avoir donné les outils pour réussir dans la vie.

ROMANS PINK

GARÇONS sur la Corde raide

Stephie Davis

PRESSES AVENTURE

De la même auteure aux éditions Presses Aventure :

Garçons sous surveillance, 2011

LE PREMIER BAISER

– Blue ?

Il leva mon visage vers le sien.

– Quoi ?

Il avait un air vague et ses yeux étaient mi-clos. Il commença à se pencher vers moi, et je sus qu'il allait m'embrasser. Je veux dire, un vrai baiser, sur la bouche, avec la langue et tout et tout.

Il approchait.

Approchait

Mais au fait, comment embrassait-on ? Je n'en avais aucune idée et… il allait le découvrir.

CHAPITRE 1

La seule manière d'avoir du contrôle sur les garçons, c'est de les mettre sur la Corde raide le plus souvent possible.

C'est Louisa, la sœur aînée d'Allie Morrison, qui nous en a parlé la première. Elle est notre experte attitrée en hommes.

La Corde raide n'est pas un endroit réel. C'est un endroit émotionnel. Pour les garçons, ça veut dire souffrir, et pour les filles, ça veut dire avoir le contrôle. Louisa sait tout de la Corde raide et elle est vraiment experte à y mettre les garçons. Je crois qu'elle en est à son quarante-cinquième garçon !

Mais si c'est un endroit imaginaire, alors comment y mettre les garçons ?

Imaginez un immense gratte-ciel. Le lieu est important et je vous dirai bientôt pourquoi. Nous, nous avons choisi le grand bâtiment qui surplombe Storrow Drive, l'une des artères principales qui conduit à l'autoroute. La circulation y est intense et rapide et il est impossible de la traverser à pied, à moins d'avoir envie de se retrouver aplatie comme une crêpe. Vous voyez le tableau ?

Bon, revenons à notre image du bâtiment placé stratégiquement sur Storrow Drive. Quand vous arrivez au vingtième étage, le toit est bordé par une petite corniche, et c'est là qu'on met les garçons. Je sais, c'est irréel, mais je vous l'avais dit. Soyez patientes avec moi.

Comment expliquer ça ?... Hum !... Bon, voilà. Vous aimez un garçon et il vous laisse tomber. Vous vous sentez déprimée parce que vous l'aimiez vraiment bien... et vous broyez du noir, du genre que vous vous dites que vous devriez aller sur cette corniche et vous jeter dans le vide. En atterrissant sur Storrow Drive, vous allez être écrasée par les voitures et votre rate jaillira de votre corps pour retomber sur le trottoir où quelqu'un la ramassera et la portera à l'hôpital pour une transplantation d'organe. Au final, quelqu'un d'autre aura votre rate et vous serez plate comme une feuille. Et pourquoi tout ça ? Parce que vous avez laissé un garçon vous berner.

Conclusion : La Corde raide n'est pas un endroit pour les filles. C'est pour les garçons. Au lieu que ce soit vous qui vous sentiez mal parce qu'un garçon vous a laissé tomber, c'est vous qui devez vous arranger pour qu'il tombe follement amoureux de vous; ensuite, vous l'ignorez, il commence à déprimer et il se retrouve sur la Corde raide. Compris ? Attention aux rates !

Même si vous aimez bien un garçon et que c'est réciproque, vous devez toujours vous arranger pour qu'il se sente un peu sur la Corde raide de manière à ce qu'il vous traite bien. Tant que vous tenez cette épée de Damoclès au-dessus de sa tête, vous avez le contrôle.

Je n'ai encore jamais mis un garçon sur la Corde raide et mes meilleures amies, Frances Spinelli et Natalie Page, non plus. Par contre, Allie, qui a quatorze ans comme nous, apprend des tas de choses de sa grande sœur Louisa et elle a déjà mis plusieurs garçons sur la Corde raide. Ce n'est pas difficile pour elle, il lui suffit de marcher en public sans sourire aux garçons pour qu'ils se retrouvent tous sur la Corde raide.

Allie est sublime et on lui donne facilement vingt et un ans. Elle a une belle poitrine, des hanches rondes et de longs cheveux blonds qui ont juste la bonne épaisseur. Les garçons l'adorent. Mais Louisa l'a convaincue de tous les mettre sur la Corde raide pour le moment, au lieu de s'engager dans une relation. Moi, je crois qu'Allie n'a en fait pas envie de fréquenter qui que ce soit pour le moment et qu'elle se sert de Louisa comme excuse. Mais ça nous arrange plutôt. Si Allie avait un petit ami, ça interférerait drôlement avec nos histoires de filles. On se connaît depuis la maternelle et on forme un quatuor inséparable; je n'aimerais pas qu'Allie sorte avec un garçon et nous laisse à trois.

Frances aussi est très belle. Elle a un air exotique qu'elle tient de ses parents – sa mère est Hawaïenne et son père est Italien. Elle ne se maquille jamais, ce qui n'a pas d'importance, car elle a des cils hyperlongs et épais. Mais Frances s'en fiche. Les garçons ne l'intéressent pas. Enfin, c'est ce qu'elle dit. Allie, Natalie et moi, nous ne la croyons pas.

Natalie est une vraie beauté. Elle fait du cross-country et de l'endurance, elle est mince comme un fil et elle a des jambes longues. Un jour, Louisa nous a dit que les hommes adoraient les filles aux longues jambes, alors Natalie n'aura aucun problème à les mettre sur la Corde raide.

Et enfin, il y a moi. Blueberry Waller. Passons sur mon prénom… on ne pouvait pas faire pire ! Mes parents sont excentriques et j'en ai horriblement souffert. Qui oserait prénommer sa fille Blueberry ? Tout le monde m'appelle Blue, mais je sens que des gens me regardent bizarrement quand je me présente. Et Waller ? Quelle sorte de nom est-ce donc ? Je pense que je me marierai dès ma majorité pour avoir un nouveau nom. Et j'en profiterai aussi pour changer mon prénom. Je n'ai pas de second prénom. Mes parents auraient au moins pu m'en donner un second afin que je puisse choisir. Mais non ! Ils ne l'ont pas fait.

Alors me voici. Blue Waller. Rien de spécial à dire sur moi-même. Pas de longues jambes, pas de poitrine qui attire les hommes, juste des cheveux bruns raides, des taches de rousseur et des yeux noisette. Un corps normal d'une fille de quatorze ans. Ma poitrine a un peu poussé, mais pas suffisamment pour attirer l'attention des garçons, à moins que je porte un tee-shirt hypercollant et pas de soutien-gorge, mais ma mère ne me laisserait jamais faire ça. Le seul avantage physique que j'ai, c'est que je suis petite. Louisa dit que les garçons adorent les filles petites. Espérons-le ! Sans ça, mes chances d'en mettre sur la Corde raide sont plutôt nulles.

Voilà, les présentations sont faites. Nous sommes étudiantes à Hill High, à Mapleville, Massachusetts, une ville où il ne se passe jamais rien.

Et aucun garçon nous a encore remarquées.

Nous n'avons encore mis aucun garçon sur la Corde raide, et donc aucune rate n'a été transportée à l'hôpital pour une transplantation d'urgence.

Jusqu'à présent, l'école n'est pas à la hauteur de nos attentes.

Louisa jure que ça va venir, mais ça c'est *Louisa*. C'est le genre de personne à transformer un samedi après-midi de pliage de linge avec ma petite sœur en un événement social.

Nous sommes bien déterminées à marcher sur ses traces. Elle nous a dit qu'elle allait s'arranger pour nous faire inviter à une soirée.

Ça, ce serait cool !

En attendant, Natalie s'entraîne avec l'équipe de cross-country et j'ai décidé de me joindre à la troupe de théâtre de l'école. Il y a une comédie musicale en préparation. Bien sûr, je ne sais pas chanter, mais il y a des rôles non chantant alors j'essaie…, et puis j'ai vu un garçon absolument fabuleux.

J'étais à l'audition depuis à peine une demi-heure quand je l'aperçus. Natalie n'avait pas pu venir, elle était à son entraînement de cross-country, mais Allie et Frances étaient avec moi. Cette année, elles étaient dans une école différente, mais en tant qu'amies fidèles, elles étaient venues me tenir les coudes. Qui plus est, comme elles allaient dans une école de filles, elles ne rataient aucune occasion de venir traîner dans notre école. Elles trouvent génial de voir des garçons dans tous les coins.

Donc, nous étions à l'audition, assises au dernier rang comme d'habitude, parce que, du dernier rang, on peut observer tout ce qui se passe incognito. Et si quelqu'un veut nous regarder, il doit se retourner et, du coup, on le voit bien.

Bien sûr, si on voulait se faire remarquer par un garçon ou par quelqu'un, on se mettrait devant pour être constamment sous son regard.

Mais cet après-midi-là, nous étions en mode espionnage, évaluant et traquant, d'où notre position au dernier rang.

Pourquoi étions-nous en mode espionnage ? Parce que je n'avais pas complètement décidé si j'allais avoir le courage d'auditionner. D'accord, je m'étais inscrite en arrivant, mais il y avait de grandes chances pour qu'à l'appel de mon nom je fasse semblant de ne pas exister... ou de n'avoir pas entendu... ou d'être aux toilettes. Quelle que soit mon excuse, je n'allais sans doute pas répondre.

Mais j'avais mis mon nom sur la liste au cas où j'en aurais envie.

Il y avait pas mal de monde dans la salle et la plupart des élèves semblaient venir des classes supérieures. Je poussai Frances du coude.

– Je crois que nous sommes les seules à être plus jeunes.

– Chut ! J'essaie de travailler.

Frances avait son livre d'algèbre ouvert sur ses genoux... comme d'habitude. Elle était boursière et travaillait toujours dur pour avoir de bonnes notes.

– Je dois finir ce devoir.

Je m'y attendais. Je me tournai vers Allie.

– Allie ?

– Quoi ?

Allie regardait la scène où une fille chantait une chanson à propos des arcs-en-ciel. Je trouvais qu'elle chantait bien.

– Je crois qu'on devrait s'en aller.

Allie me lança un coup d'œil.

– Pourquoi ?

– Parce que….

Je ne voulais pas lui avouer que mes genoux tremblaient. Allie était l'assurance personnifiée. On ne peut pas mettre des garçons sur la Corde raide sans assurance, n'est-ce pas ? Et, comme je l'ai dit précédemment, Allie avait déjà distribué pas mal d'allers simples.

– … je n'ai pas envie de jouer dans ce truc. Ça a l'air ennuyeux.

– Ne te laisse pas intimider. Cette fille n'est pas une très bonne chanteuse.

Bon, d'accord. C'est dur de cacher quelque chose à des amies qu'on connaît depuis l'âge de deux ans, comme par exemple d'avoir la trouille de monter sur scène face à un tas de gens doués de classes supérieures pour lire un texte.

– Tu penses qu'elle n'est pas très bonne ?

– Mais oui. Elle ne chante pas les aigus et elle se trompe dans ses octaves.

Allie était douée en chant, mais je trouvais qu'elle était un peu dure. Cela dit, ça m'avait réconfortée. En plus, comme je n'auditionnais pas pour un rôle chantant, je n'avais pas besoin de me comparer à elle.

Une autre fille monta sur scène. Non seulement elle était bonne, mais elle était belle comme le jour... et plus âgée.

C'était plus que ce que je pouvais supporter.

– Je n'y vais pas. Pas question. Quand je serai en dernière année peut-être. Nous sommes les seules filles que quatorze ans ici.

Je donnai un coup de coude dans le livre de Frances.

– Remballe tes livres, on s'en va.

Frances poussa un soupir, mais en fidèle amie, elle remballa ses livres tandis qu'Allie fonçait aux toilettes au cas où elle aurait une envie urgente sur le chemin du retour. Je me penchai pour prendre mon sac à dos lorsque j'entendis sa voix.

Instantanément, j'eus l'impression que du caramel chaud coulait dans mes veines, et mes jambes se mirent à trembler. Un silence médusé était tombé sur la salle.

Je levai les yeux.... et vis le plus beau garçon sur terre. Il était plus que beau, il était parfait. Ses cheveux bruns étaient légèrement bouclés, ses longues jambes étaient moulées dans un jean noir, ses épaules se dessinaient sous une veste en cuir et son regard... sembla traverser l'espace et pénétrer dans mon cœur.

– Prête ?

Frances me tira le bras, mais je secouai la tête.

– Chut !

Je lui fis signe de s'éloigner. Il fallait que je l'entende chanter. Je ne pouvais arrêter de le regarder. Il était tellement beau ! Aucun doute, il était en dernière année. Et c'était déjà une vedette. Il jouerait sûrement dans des films avant d'avoir vingt-cinq ans.

Je perçus vaguement le retour d'Allie, mais je m'écartai légèrement de mes amie; Je voulais le regarder à mon aise.

Il était incroyable. Quand il eut fini de chanter, je commençai à applaudir… à peine une seconde…, mais Allie me prit les mains.

– Personne n'applaudit, dit-elle nerveusement.

– Mais c'était fabuleux.

Elle ne me lâchait pas.

– Tu te rappelles la Corde raide ?

– Hum !…

Il parlait maintenant avec le metteur en scène, lequel lui arrivait à peine à l'épaule.

– Tu ne peux pas mettre un garçon sur la Corde raide s'il sait que tu l'aimes bien.

– Je ne veux pas le mettre sur la Corde raide.

– Mais si !

Pourquoi voudrais-je faire perdre sa rate à ce garçon ? Je n'avais qu'une envie, et c'était de me blottir contre lui sur un sofa; je ne le voulais pas aplati comme une crêpe sur le bitume.

– Non ! Je ne veux pas du tout le mettre sur la Corde raide.

Frances avait croisé les bras sur sa poitrine qui, soit dit en passant, n'était pas aussi grosse que celle d'Allie, mais l'était incontestablement plus que la mienne. Elle étudiait le jeune homme avec attention. Ça alors ! Elle inspectait le garçon que j'avais remarqué et que je revendiquais.

– Je crois qu'il est en dernière année. Je lui donne dix-sept ans, dit-elle.

– Oh !...

Dix-sept ans ? Un garçon de dix-sept ans ne serait sûrement pas intéressé par une fille de quatorze ans avec une petite poitrine et des taches de rousseur.

À ce moment-là, le metteur en scène se plongea dans ses notes, puis leva la tête pour crier :

– Blue Waller, s'il vous plaît.

Oh mon Dieu ! J'attrapai Frances par le bras.

– C'est mon nom ?

Frances souriait.

– Absolument. Je crois qu'il veut que tu lui donnes la réplique.

– Pas question.

J'étais paralysée. J'étais sûre que mon cerveau allait arrêter de fonctionner dès que je serais à proximité de cet incroyable garçon.

– Blue Waller ? Est-ce que tu es là ?

Le metteur en scène avait l'air ennuyé; le jeune homme se mit à scruter l'assistance lui aussi. Il cherchait aussi Blue Waller.

C'était moi.

Il me cherchait.

Doux Jésus ! Le garçon le plus parfait au monde me cherchait.

C'était le moment de m'évanouir. Et de me cacher. Et de faire de la chirurgie esthétique de toute urgence.

Mais Allie agita la main.

– Elle est là, cria-t-elle.

– Allie !

Je lui baissai vivement le bras, mais c'était trop tard. Le metteur en scène m'avait aperçue. Il me fit signe de venir.

Mon amitié avec Allie était finie. Je lui jetai un regard incendiaire.

– J'allais sortir discrètement.

– Ne sois pas ridicule ! Tu ne peux pas mettre un garçon sur la Corde raide s'il ne sait même pas que tu existes.

Je croisai les bras.

– Je refuse d'y aller.

– Vraiment ?

Avant que j'aie le temps de dire « ouf », mon ex-amie mit les mains dans mon dos et commença à me pousser. Frances se rassit; elle était plutôt amusée, ce qui ne m'aidait guère.

Je résistai à Allie de toutes mes forces et nous progressions incroyablement lentement. J'espérais que le metteur en scène et le garçon parfait se lassent et appellent quelqu'un d'autre.

– Blue.

– Quoi ?

– Tu as l'air d'une idiote et ce garçon te regarde.

Je levai les yeux malgré moi. Aucun doute, il me fixait, moi, une idiote de quatorze ans littéralement poussée vers le podium par son amie. Mon humiliation était totale.

Il était trop tard pour m'esquiver. À dix mètres de la scène, j'étais suffisamment proche pour qu'il voie mon visage. Je n'avais pas d'autre alternative que de faire semblant d'être cool et sophistiquée en espérant qu'il soit suffisamment myope pour n'avoir pas vu Allie dans mon dos.

Je décidai alors de marcher de mon propre gré et de faire comme si de rien n'était. J'étais à quinze mètres de la scène. Et de lui. Oh, mon Dieu ! Et il me regardait. En souriant.

Se moquait-il de moi ? Souriait-il à Allie ? Flirtait-il avec une des belles filles dans l'assistance ?

– Je crois que mes jambes vont me lâcher, murmurai-je à Allie, espérant vaguement qu'elle changerait d'avis et m'emmènerait en sécurité. Peine perdue ! Elle me donna une petite tape sur l'épaule et partit s'asseoir.

Une chose était sûre, ce n'était plus mon amie.

Comment osait-elle me laisser seule ?

Avec un garçon.

Incroyablement mignon par-dessus le marché.

Je levai le menton. Et bien, j'allais leur montrer qui j'étais, et si je m'en sortais vivante, Allie et Frances me le paieraient.

Je chassai l'idée que c'était moi qui les avais attirées ici au départ avec l'ordre express de ne pas me laisser être une mauviette.

Mais les règles avaient changé, car un garçon était impliqué. Je n'avais pas eu le temps de me recoiffer et, maintenant, c'était trop tard. Le metteur en scène m'indiquait la scène et le Garçon Parfait me tendait la main pour m'aider à monter.

Oh mon Dieu ! Devais-je lui prendre la main ? Devais-je faire le tour jusqu'aux escaliers ? Devais-je prétendre que je ne parlais pas français et que je cherchais les toilettes.

Je comprends maintenant pourquoi tout le monde dit que les années de secondaire[1] sont stressantes.

[1] Traduction libre de *high school*. Aux États-Unis, l'enseignement secondaire est d'une durée de sept ans et les élèves terminent à 18 ans pour se diriger directement à l'université.

CHAPITRE 2

Monte !

Le Garçon Parfait me tendait la main. Il me souriait.

À moi.

Et c'était un beau sourire.

Et j'étais sûre qu'il ne se moquait pas de moi.

À moins que ce ne soit une hallucination. Et si ma mère avait glissé une de ses herbes pour clarifier l'esprit dans mes gaufres ce matin ? Peut-être que j'étais en fait assise dans le bureau du principal, sur le point d'avoir de gros problèmes pour avoir passé des notes en classe et que je m'étais enfuie dans un espace-temps alternatif pour oublier la misère de ma vie.

– Je m'appelle Heath.

Heath. Le Garçon Parfait avait un nom. C'était Heath. Oh mon Dieu ! Et il me l'avait dit. Volontairement. Je ne l'horrifiais donc pas tant que ça s'il m'avait dit son nom.

À moins qu'il ne s'appelle en fait Patrick et qu'il ait menti pour que je ne puisse pas le retrouver.

– Monte.

Il avait toujours la main tendue et le sourire aux lèvres.

Bon. Maintenant que j'avais quatorze ans, j'avais parfaitement le droit d'être sur scène avec un garçon séduisant. Et même d'y être hissée par lui. Tout ce que je devais faire, c'était de mettre ma main dans la sienne...

Mon bras semblait gelé.

Lève la main ! ordonnai-je.

Dans une démonstration d'obéissance impressionnante, ma main se leva et, comme en rêve, je vis passer mes ongles sans vernis devant mes yeux. Pourquoi n'étais-je pas allée chez la mère de Natalie hier soir pour soigner mes ongles ? Aucune chance que Heath soit impressionné par une fille de quatorze ans avec une petite poitrine et des ongles non vernis.

Soudain, des doigts puissants enveloppèrent les miens et une douce chaleur inonda mon corps. Il resserra sa prise et me fit un petit signe de tête. Il souriait toujours.

– Je t'ai.

Il m'a.

Heath me hissa sur scène et ma hanche frôla sa jambe au passage.

Je ne laverai plus jamais ces jeans.

Le metteur en scène me mit un script dans les mains.

– Je suis M. Howland. Heath, tu lis le texte de Vladimir. Blue, tu lis le dialogue de sa mère.

Sa mère ? Je devais être sa mère ? Il ne pourra plus jamais me regarder sexuellement après cela. Ce serait de l'inceste ! Pourquoi ne puis-je pas lire le texte de sa belle amante ? Voire répéter une scène de baiser.

Mon Dieu ! S'il y a un baiser, il verra immédiatement que je n'y connais rien à ce genre de chose; en plus, je n'aimerais pas avoir mon premier vrai baiser sur scène.

En fait, le rôle de la mère est parfait. Il n'y aura aucun baiser dans le script, du moins, pas des vrais.

J'attrapai le script des mains de M. Howland et je commençai à parcourir le texte... troublée par l'odeur de Heath. Il sentait si bon, comme... comme un homme. Comme s'il utilisait de la lotion après-rasage ou quelque chose comme cela.

Pendant que M. Howland débitait ses instructions, je jetai un petit coup d'œil sur le visage de Heath. Oui, il y avait un peu de barbe. Il se rasait !

Heath me regarda et leva un sourcil.

Mon Dieu ! Et s'il s'apercevait que j'étais en train de le renifler, comme un chien ? Jusqu'à quel point allais-je manquer de dignité ?

– D'accord. Commence dans le haut de la page trois.

M. Howland sauta de la scène et se recula vers le premier rang de chaises.

– Allez-y quand vous êtes prêts.

Prêts ? Pour quoi ? J'aurais mieux fait d'écouter les instructions de M. Howland au lieu de renifler Heath.

– C'est la première fois ?

Oh, mon Dieu ! Heath me parlait. Était-ce directement ou lisait-il le script ? Je parcourus la page trois, mais je n'y trouvais pas ces mots-là. Alors il me parlait. De son propre chef ?

Je le regardai; il sourit. Encore ? Combien avais-je reçu de sourires jusque-là ? Dix ? Ça devenait du flirt à ce point.

-Tu me parles ?

C'était nul ! C'était comme avouer que j'étais une fille de quatorze ans timide qui n'avait jamais mis un garçon proche de la Corde raide.

Le sourire de Heath s'agrandit.

– Tu sembles nerveuse. Ne t'en fais pas. Lis simplement les mots comme si tu les pensais vraiment et tout ira bien.

Il pensait que j'étais nerveuse !

N'aurait-il pas pu dire : « Ouah ! Tu as l'air d'une vedette de cinéma » ou « Ouah ! Je n'arrive pas à croire que nous ne nous soyons jamais rencontrés » ou « Je ne pense pas pouvoir vivre plus longtemps sans ton numéro de téléphone. » Mais non, il avait dit que je semblais nerveuse.

Au moins, il n'avait fait aucun commentaire sur mes ongles nus.

Puis, il toucha mon bras. Volontairement.

– Prête ?

Reprends-toi, Blue. Fais au moins semblant d'avoir un cerveau qui fonctionne. Je souris. Heureusement que j'avais fait enlever mon appareil dentaire avant de commencer l'école. Un bon point pour moi.

– Oui, je suis prête.

Il hocha la tête.

– Allons-y.

Allons-y ? Est-ce que cela voulait dire « Allons-y pour de bon » ou était-ce du bla-bla de théâtre pour dire « Arrête de m'embêter » ou étais-ce un code pour dire « Tu es la fille la plus belle que j'aie jamais vue et je suis trop intimidé par ta beauté pour savoir comment te le dire ? »

Il baissa les yeux et lut sa première réplique.

Je pouvais en faire autant. Je lisais depuis l'âge de... bon, je ne m'en rappelais plus, mais je savais lire, je savais parler et je pouvais même raconter des histoires drôles. J'étais donc parfaitement capable de lire des répliques à voix haute en mettant le ton.

Il leva les yeux.

Oh ! C'était mon tour. Je baissai les yeux, lus les mots et ouvris la bouche. Dieu merci, tout fonctionna comme prévu.

Les sept minutes suivantes furent les plus belles sept minutes de ma vie.

Heath et moi avions des atomes crochus. Nous nous nourrissions de nos énergies. Nous étions destinés à être complices. À peine avait-il fini sa réplique que je commençais la mienne. C'était comme si nous savions tous les deux ce que l'autre allait dire avant qu'il le dise.

Et c'est ce que nous faisions.

C'était vraiment étonnant.

C'est alors que le vieux M. Howland nous renvoya. Il prit tout simplement nos scripts et nous dit d'aller nous rasseoir.

Heath sauta de la scène le premier, puis se retourna et leva la main pour m'aider.

Comme si j'allais refuser son offre.

Je lui avais touché la main une fois et j'avais survécu sans que mon corps ne fasse des étincelles ni ne se consume. J'étais une femme cool, sophistiquée et expérimentée, parfaitement capable de gérer cette sorte de stimulus deux fois en dix minutes sans perdre son sang-froid.

– Merci, Heath.

Je mis la main dans la sienne et sautai gracieusement sur le sol. C'était étonnant de voir à quel point j'avais de la grâce alors que je n'avais jamais fait de danse.

Aucun doute possible. Notre attirance était mutuelle.

J'atterris à côté de lui et lui fis un grand sourire, m'attendant à ce qu'il fasse le premier pas, me demande mon numéro de téléphone, m'invite à aller voir un film. Je voulais commencer ma vie amoureuse avec l'éclat qu'elle méritait.

– À plus…, dit-il.

Puis, il tourna les talons et partit.

Sans mon numéro de téléphone.

Sans aucun moyen de me contacter du tout.

Quoi ?

– Je dois admettre, Blue, qu'il est vraiment mignon.

Frances était près de moi et suivait Heath des yeux; le jeune homme avait rattrapé un groupe de filles et passait le bras autour des épaules de l'une d'elles.

C'était mon bras !

Pas le mien, de mon corps, mais le mien dans le sens où il était supposé être autour de mes épaules.

– Beau travail.

Allie apparut de l'autre côté.

– Je ne savais pas que tu savais jouer.

Il partait.

Avec cette fille.

Et elle ricanait à propos de quelque chose qu'il avait dit.

Quel garçon pouvait aimer une fille qui ricanait ?

Frances me toucha le bras.

– Blue ? Tu es là ?

– Il ne m'a pas demandé mon numéro de téléphone.

Allie et Frances me regardèrent interloquées. Puis, Allie sourit et donna un coup de coude à Frances.

– Elle est amoureuse.

– Je ne suis pas amoureuse.

C'était ridicule. Personne ne tombe amoureux en sept minutes.

– Non ? T'es-tu jamais préoccupée de savoir si un garçon avait ton numéro de téléphone ?

Heath franchit la porte et disparut avec la fille. Je me tournai finalement vers mes amies.

– Il sent incroyablement bon. Il se rase.

Allie sourit.

– Il s'appelle Heath Cavendish. Il est en dernière année, il n'a pas de petite amie sérieuse pour le moment et il a une voiture.

Je regardai Allie bouche bée. Quand il s'agissait de garçons, c'était une mine d'or.

– Comment as-tu découvert tout ça ?

– Pendant que tu te perdais dans ses beaux yeux, moi je travaillais.

Elle fit un clin d'œil.

– C'est incroyable la quantité d'informations qu'un petit décolleté peut obtenir.

Frances fit la grimace.

– Tu as utilisé ton corps pour obtenir des informations ?

– Bien sûr ! Les garçons sont tellement faciles à manipuler.

– C'est immoral. Ou non éthique. Ou illégal. Ou quelque chose comme ça.

Frances avait pris son air de maîtresse d'école.

– Tu ne devrais travailler dur que sur tes devoirs.

Les parents de Frances travaillaient dur et ils avaient pour mission d'inculquer cette éthique du travail chez Frances. Personnellement, je pensais qu'elle avait besoin de se détendre un peu. Allie et Natalie étaient d'accord. D'ailleurs, nous avions un plan pour ça.

Mais maintenant que j'avais rencontré Heath Cavendish, comment allais-je pouvoir me concentrer sur quoi que ce soit d'autre ?

Je devais trouver un moyen de revoir Heath. Mais cette fois, je m'assurerais que j'avais du vernis à ongles et que j'étais suffisamment cohérente pour qu'il sache que mon cerveau fonctionnait bien. Et j'avais besoin de plus gros seins.

Mais ça, ça allait être dur.

Une demi-heure plus tard, Allie et moi nous arrêtions au bout de mon allée.

– Presque sept heures et demie.

Je fis la grimace.

– On dîne à sept heures.

– Ta mère a dû flipper.

Ce n'était rien de le dire.

Mes parents croyaient que tous les problèmes du monde, y compris la pauvreté et la guerre, venaient de la détérioration des liens familiaux. Ce cataclysme social incluait les parents qui n'avaient pas de temps pour leurs enfants, les mauvais parents en général, et les enfants à qui on n'inculquait pas les valeurs de la famille. De ce fait, chez les Waller, il était obligatoire de participer aux dîners familiaux. Point final. Les seules excuses acceptables pour le manquement à ces dîners étaient la mort ou le coma, et ni l'un ni l'autre ne s'appliquait dans ce cas particulier. De plus, Allie faisait partie de leurs dîners familiaux depuis le divorce de ses parents et surtout depuis le moment où sa mère s'était mise à fréquenter quelqu'un et, du coup, elle allait avoir autant de problèmes que moi.

Ça faisait déjà six ans que la mère d'Allie avait divorcé et était passée dans une phase égoïste. Traduction : Elle n'avait pas de temps pour Allie ou Louisa et les laissait seules à la maison la plupart du temps quand elle sortait pour travailler à sa vie sociale. Quand ma mère découvrit qu'Allie mangeait souvent seule parce que sa mère sortait, elle lui donna l'ordre de participer à nos dîners familiaux tous ces soirs-là. Prendre Allie sous son aile était pour elle la seule manière d'être sûre qu'elle ne deviendrait pas une meurtrière en série, ce qui aurait, bien sûr, été son destin sans dîners familiaux réguliers.

Ai-je dit que mes parents étaient excentriques ?

La porte d'entrée s'ouvrit en grand.

Je bondis de la voiture. Allie sourit.

Allie adore mes parents. Un jour, elle a même admis qu'elle était jalouse de moi parce que j'avais des parents qui suivaient tout ce que je faisais. Elle ne se rend pas compte de la chance qu'elle a de pouvoir faire ce qu'elle veut quand elle le veut. Mais ça, c'est quand ma mère n'interfère pas dans sa vie, car sinon, elle est sujette aux mêmes restrictions que moi.

– Salut, papa.

Il portait une chemise colorée et un pantalon souple qui avait des poches aux genoux.

Pourquoi n'avais-je pas un père qui travaillait dans un bureau d'avocats et qui portait un costume ?

– Entrez.

Il tint la porte ouverte et essaya de prendre un air menaçant.

Mon père ne sait pas ce qu'est la manière forte. C'est un grand tendre. Ma mère lui a même acheté des livres sur « l'amour rigoureux », mais cela ne lui convenait pas. Par contre, ma mère n'a pas ce problème.

Allie et moi glissâmes dans l'entrée. Ma mère nous attendait, les mains sur les hanches et la mine renfrognée.

Et pour couronner le tout, elle était tout en noir. Elle porte toujours du noir quand elle est de mauvaise humeur.

Ai-je dit que mes parents étaient plutôt loufoques ? On peut s'attendre à tout de parents qui osent appeler leur enfant Blueberry. Je n'avais aucune chance dès le départ.

– À table.

Théo, mon frère de dix-sept ans, et Marissa, ma petite sœur, étaient déjà assis. Marissa avait un air contrit – comme elle m'idolâtrait, elle devait se faire du souci pour moi. Par contre, Théo avait l'air content. Il se disait sans doute que maman serait tellement furieuse contre Allie et moi qu'elle ne remarquerait pas sa dernière escapade.

Je lui tirai la langue tout en m'asseyant, mais il sourit.

Papa apparut derrière maman.

– Pouvons-nous manger maintenant ? Je meurs de faim.

Oh non ! Elle avait empêché tout le monde de manger à cause de nous. Encore une des théories de ma mère sur l'éducation efficace. Apprendre aux enfants à réfléchir sur la portée de leurs actions sur les autres. En faisant souffrir toute la famille parce que j'étais en retard, je devais me sentir encore plus mal et ne jamais le refaire.

Comme si je me sentais mal de faire souffrir Théo. N'est-ce pas pour cela que les frères sont faits ?

– Oui, tu peux manger.

Le dîner était à peine commencé depuis cinq secondes lorsque ma mère lança son offensive.

– Je vous croyais mortes.

Culpabilité.

– Désolée. Je ne le suis pas.

Allie sourit simplement, incontestablement ravie qu'un parent ait suffisamment remarqué son absence pour se demander si elle était morte.

– Les cours sont finis depuis longtemps. Où étiez-vous ?

– À une audition, annonça Allie.

Zut ! J'avais oublié de lui dire que je ne voulais pas en parler à quiconque.

– Pour quoi ?

– Une comédie musicale, grommelai-je.

– Tu ne sais pas chanter.

Théo semblait ravi d'avoir lancé sa réplique.

C'est dans ce genre de moment que j'aimerais pouvoir me mettre à chanter sublimement pour étonner tout le monde. Malheureusement, je ne le pouvais pas dans la réalité.

– C'est un rôle insignifiant.

– Pourquoi ne nous en as-tu pas parlé ? J'aurais adoré venir voir ça.

Encore ce truc du lien familial. La chose la plus humiliante qui puisse m'arriver serait bien que ma mère vienne à l'école voir mon audition. On me cataloguerait de perdante à peine un mois après mon arrivée à Hill High, et ça me collerait à la peau pour les quatre années suivantes. Blue Perdante Waller. Ma vie serait un enfer !

– C'est pour ça que je ne t'en ai pas parlé. Je ne veux pas que tu viennes me voir faire une audition. Je suis au secondaire, maman. J'ai besoin de liberté.

Elle leva un sourcil.

– Est-ce là la raison de ce retard au dîner ? Pour manifester ton indépendance ?

– Hum !...

Mon retard n'avait pas été causé volontairement, mais c'était peut-être une bonne occasion de montrer à mes parents que j'étais une adulte maintenant et qu'ils devaient commencer à me traiter en conséquence.

– Oui. J'ai besoin de plus de flexibilité dans ma vie.

– Tu as quatorze ans.

– Exactement.

– Et la prochaine chose que tu vas me dire, c'est que tu veux sortir avec un garçon.

J'avais droit à cette chance.

Allie me donna un coup de pied sous la table, sans doute pour me rappeler Heath. Comme si je pouvais l'oublier.

– Ton père et moi allons devoir discuter des répercussions de ce qui s'est passé ce soir.

Oh, oh ! Les répercussions n'étaient jamais bonnes.

– Écoutez. Je suis vraiment désolée. Cela n'arrivera plus jamais.

– Si tu obtiens ce rôle dans la pièce, vas-tu manquer le dîner régulièrement ?

Ma mère ne semblait pas enchantée à cette idée.

– Heu !... probablement.

Elle pinça les lèvres et se tourna vers mon père qui triturait sa purée de légumes.

– Tu écoutes ?

Mon père releva vivement la tête.

– Bien sûr.

– Elle veut manquer le dîner régulièrement.

– Vous laissez Théo manquer le dîner pour le football, dis-je.

– Uniquement les vendredis soirs. Le reste du temps, nous dînons quand il rentre de l'entraînement.

– Ne voulez-vous pas que je grandisse et devienne une personne à part entière ?

Oh, ça, c'était bon ! Mes parents étaient très axés sur la maximisation du potentiel de leurs enfants.

– Et les animaux ?

Ah, oui. Les animaux.

Ma contribution à la maison était de m'occuper de nos quatre vaches, deux chevaux, un âne, dix-sept poules, deux cochons et une chèvre absolument ignoble. Cela me prenait environ deux heures par jour et c'était une tâche importante. C'était bien ma chance d'avoir hérité de cette tâche pendant que Théo devenait un champion en triathlon. Quant à Marissa, à huit ans elle était trop jeune pour me remplacer.

– Je n'ai pas le temps de m'en occuper, dit papa. Je dois travailler au magasin.

– Moi de même, dit maman.

Mes parents tenaient une boutique de produits naturels dans le centre-ville. La boutique marchait très bien, mais n'était pas ce qu'il y avait de mieux pour ma réputation de diva cool et branchée.

– Pourquoi n'engageons-nous pas quelqu'un ? proposa Allie. Je veux dire, pourquoi n'engagez-vous pas quelqu'un ?

Maman caressa le genou d'Allie.

– Tu fais définitivement partie de la famille, Allie. Pas besoin de corriger.

Puis, elle se tourna vers moi.

– Tu ne peux pas manquer le dîner à cause d'une comédie musicale que tu ne veux même pas que nous voyions, et espérer que nous engagions quelqu'un pour te remplacer. Ton père et moi allons devoir en discuter. Nous te communiquerons notre décision vendredi.

Ils allaient sans doute feuilleter quelques livres sur comment être de bons parents pour savoir comment procéder. Non pas que cela m'importe vraiment s'ils me punissent ou refusent d'engager quelqu'un pour nettoyer les étables.

Ce n'était pas comme si j'allais avoir le rôle.

CHAPITRE 3

– J'ai eu le rôle !

Oh mon Dieu ! Ce n'était pas possible. Pas moi. Je relus les noms sur la liste. Mon cœur battait si fort que j'entendis à peine le cri de Natalie.

Je relus une troisième fois. Mon nom était bien là. Blue Waller.

– J'ai eu le rôle.

J'avais envie de vomir.

– Tu es la mère de Vladimir. Qui a eu le rôle de Vladimir ?

Nous nous penchâmes toutes deux sur la liste et mon corps fit un bond.

– Heath Cavendish.

Natalie poussa un sifflement.

– C'est le fameux Heath ? Le type que tu as rencontré à l'audition ?

Nous avions essayé de le voir toute la semaine, mais impossible de le trouver, à croire qu'il n'était pas dans la même école. Mais Théo le connaissait et il avait même admis que Heath était cool. Apparemment, en hiver, Heath était une des vedettes du basket et, en automne, il faisait du théâtre.

Une personne complète comme dirait ma mère.

Ma mère.

Oh, oh !

– Est-ce que ta mère va te laisser accepter le rôle ? demanda Natalie.

– Je ne crois pas. Elle a porté du noir toute la semaine.

Natalie leva un sourcil.

– Toute la semaine ?

– Sans discontinuer.

– Ce n'est pas bon signe.

Natalie et moi étions amies depuis la maternelle. Elle connaissait bien ma mère et ses vêtements noirs. Le noir signifiait des mauvaises nouvelles pour les enfants de la famille.

Une fille plus âgée, en mini-jupe et bottes de cuir, se faufila pour voir la liste. Quand elle se mit à crier qu'elle avait eu le rôle de l'amoureuse de Vladimir, je décidai que je la détestais.

Beaucoup.

La vague des étudiants qui venaient consulter le tableau d'affichage nous refoula. Avec tous les gens qui postulaient pour un rôle, M. Howland n'aurait aucun problème à me remplacer si je ne l'acceptais pas.

Ce qui signifiait que je ne reverrais sans doute jamais Heath puisque nos horaires ne se croisaient apparemment jamais.

– Il faut que je trouve un moyen pour jouer dans cette pièce.

C'était une évidence. Mais que faire ? Je n'avais pas de grandes idées. Noir était noir, et il y en aurait ce soir.

Natalie passa le bras autour de mes épaules.

– On va trouver quelque chose. Je vais appeler Allie sur son téléphone portable et arranger une réunion pour après les cours. Il faut que tu sois dans la pièce. Le contraire serait inacceptable.

Malheureusement, ma définition d'inacceptable n'était pas nécessairement la même que celle de ma mère, et c'était elle le chef à la maison.

Les augures n'étaient pas très bons.

Allie, Frances et moi étions assises sur les marches du perron attendant que Natalie finisse son entraînement de cross-country. Elle sortit entourée de trois garçons, tous très mignons; ils nous saluèrent, même en se dirigeant vers le stationnement.

Mignons et avec voiture !

Et Natalie les connaissait.

– Pourquoi ne nous as-tu pas présentées ? demanda Allie.

– À qui ?

Natalie s'installa à côté de Frances, qui était plongée dans son livre d'histoire.

– À ces garçons.

Natalie jeta un coup d'œil vers le stationnement.

– Eux ? Ce ne sont pas des garçons. Ce sont... hum !... j'imagine que ce sont des garçons. Ils sont seulement dans mon équipe de cross-country. Ils ne me voient pas comme une fille, alors pourquoi devrais-je les voir comme des garçons ?

Allie leva les yeux au ciel.

– Tu n'as aucune idée de la chance que tu as ! Tu cours avec ces adorables garçons tous les jours et tu ne les remarques même pas. Je suis dans une école de filles toute la journée et je n'ai aucun moyen de parler à un garçon... il n'y a que le prof de latin qui est super séduisant.

Ouah ! Je n'avais encore jamais entendu parler du prof de latin.

– Quel prof de latin ?

– Pete.

Frances leva les yeux de son livre.

– Pete ? Tu appelles M. Novak par son prénom ?

– Qui est Pete ?

Je regardai Natalie, mais elle haussa les épaules. Elle non plus n'avait jamais entendu parler du prof de latin séduisant.

Frances regarda Allie en plissant les yeux.

– M. Novak est notre nouveau professeur de latin. Il vient juste de finir ses études. Il est très jeune et pas vraiment doué pour l'enseignement.

– Mais il est séduisant.

Allie secoua ses cheveux.

– Depuis une semaine, j'ai du mal avec le latin et, dès la semaine prochaine, il va me donner des leçons particulières deux fois par semaine.

– Je croyais que tu avais eu un A en latin l'an dernier.

– C'est vrai. Mais cette année est beaucoup plus dure.

Je regardai Natalie et Frances. Elles semblaient aussi soucieuses que moi.

– Allie. Tu ne peux pas sortir avec un prof.

– Mais je ne le fais pas. Je vais juste avoir des leçons particulières. Quel est le problème s'il est mignon à regarder ? Ce n'est pas un crime que je sache.

Allie ne nous mentirait jamais. Aucune de nous ne mentirait aux autres. Une amitié de douze ans est naturellement dotée d'un protocole tacite, dont un des éléments est de ne jamais mentir aux autres. Du moins, pas au sujet des grosses choses ou de quoi que ce soit d'important.

C'est OK de dire à son amie qu'elle est belle juste avant qu'elle sorte avec un garçon, même si elle ne l'est pas, parce qu'elle n'a pas le temps de se changer. Ne pas être parfaite est surmontable quand on se sent sûre de soi. Comme Louisa nous dit toujours, conquérir un garcon, c'est uniquement dans l'attitude. Si tu transmets la bonne attitude, ils sont cuits, même si tu n'es pas génialement habillée à ce moment-là.

Mais, encore une fois, ça c'est Louisa. Elle serait encore belle même avec une éruption massive de boutons et gonflée comme un Bibendum.

Nous n'avons pas autant de chance. En tout cas, moi, et il va falloir que je maîtrise le truc de l'attitude parce que mon apparence à elle seule n'est pas suffisante pour envoyer un garçon sur la Corde raide.

Mais, pour l'instant, j'avais un problème beaucoup plus important à gérer.

– L'une de vous a-t-elle une idée géniale pour affronter ma mère ?

– Je pense qu'on était sur le bon chemin au dîner l'autre soir, dit Allie. Quand tu as commencé à attaquer l'angle d'être une personne complète. Tes parents ne s'inquiètent-ils pas que tu n'aies aucun centre d'intérêt ?

Je souris.

– Ils se font du souci parce que je mange de la viande et des aliments qui ont pu être traités avec des produits chimiques. Je pense qu'ils viennent parfois dans ma chambre, la nuit, pour voir si un autre bras ne me pousse pas dans le dos.

– Hum!... peux-tu glisser la comédie musicale dans leur cadre organique?

Frances ferma son livre et le posa sur les marches, indiquant par là qu'elle donnait toute son attention à mon problème.

– J'imagine qu'il n'y a pas de message environnemental ou de truc comme ça dans la pièce?

– Je ne sais pas, je n'ai pas lu le script, mais j'en doute. Pas si Vladimir a une amante.

Une amante. Heath avait probablement des scènes d'amour avec cette fille. Et j'allais jouer sa mère. Les augures étaient définitivement contre moi.

– Très dommage que tu n'aies pas eu le rôle de l'amante, dit Allie.

– Oui, mais j'aurais dû chanter.

– Oh, oh! Alors j'imagine que ça n'aurait pas fonctionné.

Mes amies m'avaient déjà entendue chanter et disons que... ce n'était pas super génial. C'était en fait vraiment mauvais. Je ne chanterais jamais devant qui que ce soit d'autres qu'Allie, Natalie et Frances. Jamais.

– On n'avance pas, dit Frances. Restons concentrées sur notre sujet.

Frances était la plus méthodique d'entre nous. Elle avait toujours un but ou un plan qu'elle suivait. Ses devoirs étaient toujours faits le vendredi soir, au cas où elle aurait une urgence plus tard, durant le week-end, et qu'elle n'ait alors plus le temps de les faire.

Mais je soupçonnais qu'elle ne s'amusait pas comme elle le devrait. Nous allions devoir la dérider.

– As-tu parlé de la situation de Théo ? demanda Natalie. Leur as-tu montré qu'ils avaient fait des concessions pour lui.

– Oui.

– J'ai trouvé !

Frances se leva d'un bond.

– Travaille le côté féminin.

– Je ne crois pas que ça marchera pour Blue d'afficher sa marchandise à ses parents, dit Allie. Ça marche généralement avec des garçons qui ne sont pas de la famille.

Frances fit un pied de nez à Allie.

– Je veux parler de l'égalité des droits et de tous ces trucs.

Elle me regarda.

– Tes parents ne militent-ils pas pour l'égalité des droits pour tous, et pour tous ceux qui ont souffert entre les mains des plus fortunés ou des plus puissants ?

– C'est comme ça qu'on s'est retrouvés avec dix-sept animaux abandonnés. Ils souffrent, on les sauve.

– Exactement.

Frances rayonnait.

– En permettant à Théo de faire des choses qui lui plaisent et pas à toi, tes parents contribuent au préjugé antiféministe de la société qui empêche la femme d'être l'égale de l'homme. Leurs actions peuvent être placées dans le contexte du monde du travail, aux postes de puissance et même à la force émotionnelle et à l'indépendance.

Elle croisa les bras et sourit d'un air satisfait.

– Si tes parents veulent que tu vives dans un monde où les femmes peuvent faire ce qu'elles veulent, ils doivent te donner les mêmes opportunités et t'apprendre que les femmes sont les égales des hommes.

– Ouah !

Je n'arrivais pas à y croire. C'était parfait.

Natalie et Allie étaient bouche bée.

– C'est brillant, dit Allie.

– Phénoménal, renchérit Natalie.

– Je suis si contente que vous ayez passé tout ce temps à étudier, dis-je.

– C'est l'influence de l'école de filles, dit Frances. On entend ce genre de truc sans arrêt.

– En fait, le sujet de notre réunion la semaine dernière était l'exploitation du sexe, ajouta Allie. Mais je n'aurais jamais pensé l'utiliser dans la vie réelle. Je devrais peut-être commencer à écouter quand les gens parlent de cela.

– Exploitation du sexe ? Ça avait l'air drôlement plus intéressant que notre réunion sur la journée politique des étudiants. C'est quoi ce truc ?

Allie haussa les épaules.

– Frances t'expliquera mieux. Je n'ai pas fait très attention. Pete, mon prof de latin, était juste deux rangs devant moi et je n'arrêtais pas de le regarder…

– L'exploitation du sexe, c'est simplement le fait de tourner la femme en un symbole sexuel. Vendre des choses par le biais du sexe. Comme la plupart des publicités pour la bière.

– Personnellement, je pense qu'il n'y a pas de mal à utiliser la sexualité pour obtenir ce que tu veux, dit Allie. C'est l'une de nos armes. Tout guerrier serait stupide de ne pas utiliser l'une de ses armes pour une question de code moral.

– Tu veux dire comme au cinéma quand le héros a une arme et qu'il la jette pour un combat aux poings avec le méchant ? demanda Natalie.

– Exactement.

Natalie hocha la tête.

– J'ai toujours pensé que c'était nul. Tue le méchant, prends la fille et va vivre heureux ailleurs.

– C'est bien mon avis, dit Allie. Utilise tes armes.

Ma mère serait horrifiée par cette discussion. Pas à cause du sexe, mais par notre discussion sur les guerriers et le fait de tuer les gens. Comme je l'ai déjà dit, mes parents ne croient pas en la guerre. Ni d'ailleurs en aucune sorte de violence. Et il y a même un petit panneau au-dessus de notre cheminée qui dit : « Faites l'amour, pas la guerre. »

Mais on peut s'attendre à ce genre de choses de parents qui nomment leur fille Blueberry ! Au cas où vous ne l'auriez pas remarqué, mon prénom me cause beaucoup de soucis.

Si j'arrivais à la maison en annonçant qu'il y avait beaucoup de violence à l'école et que je voulais faire l'amour avec chaque étudiant violent, est-ce que mes parents enlèveraient ce panonceau ? Ce serait intéressant d'essayer… un jour où ils me feront vraiment tourner en bourrique.

Mais revenons à mon problème actuel.

– Dites, vous voulez venir dîner chez moi ce soir ? Mes parents seront encore plus vulnérables si vous êtes là – quatre jeunes filles impressionnables qui ont besoin d'apprendre que le monde est un endroit où nous pouvons être égales.

– C'est d'accord, dit Natalie.

– Comme toujours, dit Allie.

– Je dois étudier.

Frances ramassa son sac à dos archi-plein.

Je voulais que Frances vienne. Oui, étudier était important, mais je commençais à soupçonner qu'elle ait une faiblesse cachée. Je décidai d'y aller au bluff.

– Ensuite, on pourrait demander à mes parents de nous conduire au match de foot de Théo.

Frances pinça les lèvres.

– J'imagine que je pourrais travailler demain.

Ah, ah ! Cela faisait quelque temps que je me demandais si notre très sérieuse amie Frances, qui n'avait aucun intérêt pour les garçons, n'avait pas un petit béguin pour mon frère. Il allait falloir que je me penche sérieusement sur la question. Théo n'était généralement pas sympa avec les filles, et ça me chiffonnait que Frances l'aime bien.

Mais bon, c'était la première fois qu'elle s'intéressait à un garçon. Fallait-il vraiment la décourager ? Il fallait que j'en parle à Allie et Natalie..., mais plus tard, car pour l'heure, nous avions une mission à accomplir.

Maman était ravie de ces invitées inattendues. Les dîners de famille étaient tellement importants que le fait d'y avoir d'autres gens lui permettait d'étendre son influence positive et aimante encore plus largement. Si nous avions suffisamment d'habitués aux dîners familiaux, ma mère pensait sans doute qu'elle contribuait à diminuer le taux de meurtres aux États-Unis, et probablement dans le monde.

Enfin, pas tout à fait. Mais parfois, je crois qu'elle le pensait vraiment.

Et elle était vraiment heureuse que mes amies soient là pour pouvoir les sauver du mal. Elle considérait Allie, Natalie et Frances comme ses propres filles et disait qu'elles vivaient simplement dans d'autres familles pour le moment. Elle était toujours heureuse d'avoir l'opportunité d'exercer son métier de bon parent auprès de sa famille élargie.

Nous en étions aux lasagnes complètes au tofu et légumes lorsque je lançai l'offensive.

– J'ai eu le rôle dans la comédie musicale.

Marissa, mon admiratrice inconditionnelle, poussa un cri de joie et se mit à frapper dans ses mains.

– Est-ce que je pourrai t'apporter des fleurs après le spectacle ?

Tout le monde adore Marissa et mes parents détestent lui faire de la peine. Elle est encore plus impressionnable que moi.

Mon père sourit.

– Il y a encore du chemin à faire. Mais je sais que tu réussiras. C'est dans les gènes Waller, ils te prédisposent au succès.

J'avais des gènes Waller. Est-ce que c'était embarrassant ou non ? En tout cas, ce n'était pas le moment d'exprimer mon désaccord sur ce point.

Maman portait encore du noir, mais elle souriait et me félicitait. Pendant un instant, j'eus l'impression qu'elle allait se lancer dans une discussion sur les répercussions de mon retard au dîner du début de la semaine, mais je n'allais pas lui donner cette chance.

– À l'école, Frances et Allie ont eu une réunion sur l'exploitation du sexe.

Ma mère leva les sourcils.

– Et qu'est-ce que l'exploitation du sexe ?

Certains parents auraient envoyé Marissa dans sa chambre si le sujet du sexe était abordé à la table du dîner, mais pas les miens. Ils pensaient qu'ils auraient une meilleure influence s'ils étaient présents lorsque ce genre de sujet était abordé. Il valait mieux que Marissa entende parler de sexe autour de la table familiale que sur un banc du stade de football par un garçon.

Étant donné que j'avais quatorze ans et que je n'avais pas encore eu mon premier vrai baiser avec un garçon, tout semblait indiquer que leur approche était bonne. Il allait vraiment falloir que je fasse quelque chose à ce sujet. Mais chaque chose en son temps. Je ne pouvais pas mettre Heath sur la Corde raide si je ne le voyais jamais.

Non pas que j'en aie l'intention. Je voulais plutôt le garder près de moi sur un canapé. Pas question de mettre un garçon que j'aimais sur la Corde raide. Ce qui était différent d'un garçon que je n'aimais pas ou qui était méchant avec mes amies… là je n'hésiterais pas.

– L'exploitation du sexe, c'est de changer les femmes en objets sexuels pour vendre des choses ou faire progresser des projets. C'est donner à la femme une valeur uniquement sexuelle, dit Frances.

Ma mère marqua un temps d'arrêt.

Je n'étais pas sûre d'avoir jamais vu quelqu'un marquer un temps d'arrêt jusque-là. Mais son regard se figea subitement sur moi, puis elle tourna les yeux avec une sorte de secousse de la tête, avant de me regarder à nouveau. Nous avions dû toucher une corde sensible.

C'était bon. Très bon.

– Vous savez que le sexe va de pair avec l'amour et le respect, dit-elle. Marissa, tu sais cela, n'est-ce pas ?

Marissa haussa les épaules et but son lait.

– Enfin…

C'est alors que je portai l'estocade.

– Le problème de l'exploitation du sexe me fait penser à la manière dont vous me dites tout le temps qu'en tant que fille je suis l'égale des garçons et que je ne devrais jamais laisser qui que ce soit me marcher dessus parce que je suis une fille.

Tout se passait à merveille.

– Alors…, j'ai une question, poursuivis-je.

– Laquelle ?

Ma mère semblait un peu sur ses gardes. C'était parfait.

– Si je ne suis pas dévaluée à cause de ma sexualité ou digne de moins parce que je suis une femme, pourquoi faites-vous des exceptions de dîners pour Théo et pas pour moi ?

Un silence total tomba sur la table.

Frances écrasait laborieusement ses lasagnes, Allie et Natalie regardaient fixement mes parents comme si elles attendaient une grande révélation, et Marissa dessinait des formes avec ses lasagnes.

Et Théo n'était pas là – parce qu'il se préparait pour son match de foot.

Ma mère regarda mon père

– Conférence dans l'autre pièce, ordonna-t-elle.

Mon père hocha la tête et tous deux disparurent dans la cuisine. Nous n'osions ni parler ni bouger et mangions silencieusement. Marissa avait créé un décor très intéressant avec ses lasagnes. Elle était la seule de la famille à avoir un don artistique.

Mes parents revinrent en moins de deux minutes.

Ils se placèrent au bout de la table en se tenant par le bras dans leur habituelle démonstration d'allégeance. Chez nous, n'essayez jamais de convaincre un parent aux dépens de l'autre. Ils sont unis en amour comme en autorité.

Ma mère prit la parole.

– Les filles, nous devons admettre que nous sommes temporairement tombés dans le piège de vous traiter différemment de Théo. Oui, en tant que filles, vous êtes plus vulnérables. Mais c'est notre responsabilité de vous rendre fortes au lieu d'essayer de vous protéger en vous traitant différemment. Et si qui que ce soit essaie de vous dire que votre vulnérabilité est une justification pour ne pas vous donner une opportunité égale, ne l'acceptez pas.

Mon père prit à son tour la parole.

– Blue, tu peux jouer dans la pièce. Je trouverai quelqu'un pour s'occuper des animaux l'après-midi lorsque tu seras aux répétitions, et nous ajusterons les horaires des dîners familiaux pour être sûrs que tu puisses y participer.

Super ! C'était vraiment super !

– Mais...

Oh ! oh ! Mais quoi ?

– Nous n'acceptons toujours pas que tu ne nous aies pas prévenus de ton retard en début de semaine. Nous étions inquiets qu'il te soit arrivé quelque chose.

Je détestais avoir inquiété mes parents.

– J'aurais dû vous appeler. Je suis désolée.

Je l'étais sincèrement. Je les comprenais. Une fois, alors que je gardais Marissa, elle s'était endormie dans l'enclos à chèvres et je l'avais cherchée pendant une heure. J'étais terrifiée. Je ne voulais pas faire cela à mes parents. Ils étaient bizarres et ils m'avaient prénommée Blueberry, mais je les adorais.

– Alors, nous allons te donner un téléphone portable.

– Vraiment ?

C'était mon meilleur vendredi soir depuis des années. Je me retins de leur sauter au cou et de danser autour de la table, mais mes pieds dansaient tout seuls sous la table.

Mon père tendit l'oreille, sans doute essayant d'identifier le son, mais ma mère poursuivit sa leçon.

– Mais tu ne l'utiliseras que pour les urgences et pour appeler la famille. De plus, il faudra que tu l'aies toujours avec toi de manière à ce que nous puissions te joindre à tout moment.

Il y avait donc des moments où la croyance de mes parents en l'éducation par l'amour plutôt que par la discipline dure était en ma faveur.... Mais mieux valait ne pas en profiter.

– C'est tout à fait correct. Je ne vais pas en abuser.

– Est-ce qu'elle peut nous appeler ? Faisons-nous partie de la famille ?

Oh génial, Allie !

Ma mère et mon père se regardèrent, puis hochèrent la tête en même temps.

– Naturellement. Vous faites partie de la famille.

Puis, mon père secoua le doigt.

– Mais pas de longs coups de téléphone. Juste des petits.

– Compris.

Je m'adossai de nouveau à ma chaise et je laissai mes pieds danser sous la table.

Je n'arrivais pas à y croire. J'allais jouer dans une comédie musicale – en tant que la mère de Heath. Je me demandais si j'allais avoir l'occasion de le toucher. De plus, j'allais avoir un téléphone portable. Même si je ne pouvais pas l'utiliser beaucoup, c'était quand même cool. Heath serait impressionné.

Je me demandais s'il allait être au match de foot de ce soir. La dernière fois, il m'avait vue avec des ongles sans vernis et des cheveux en bataille. Ce soir, j'allais être une ravissante minette.

Avec un téléphone portable.

Et un rôle dans la pièce.

– Allie ?

J'avais moins d'une demi-heure pour me transformer.

– Oui ?

– As-tu ta trousse de maquillage ?

Elle sourit.

– Bien sûr. J'ai même fait une virée dans celle de Louisa.

– Tu mets du maquillage pour aller au match de Théo ? demanda ma mère.

Je levai les yeux. Elle me regardait avec méfiance.

– Peut-être.

Elle sourit d'un air entendu.

– Tu ferais mieux de te dépêcher. Nous partons dans une demi-heure.

Elle avait deviné qu'il y avait « un garçon sous roche ». Je savais qu'elle me passerait sur le gril plus tard, mais tant pis. J'avais d'abord des tas de choses à faire. Comme d'être mignonne ce soir.

Vraiment mignonne.

Je n'avais jamais mis de maquillage auparavant et j'allais devoir compter sur l'expertise d'Allie. Je n'avais jamais réalisé qu'aimer un garçon était aussi stressant. C'était peut-être ça mettre un garçon sur la Corde raide. Peut-être que j'avais déjà mis un doigt de pied dans tout ça, et que j'attendais juste que Heath me pousse pour le reste.

Oh ! Pas étonnant que Louisa dise toujours que c'était les garçons qui devaient s'y trouver.

En fait, pourquoi qui que ce soit devait-il se trouver sur la Corde raide ?

Pourquoi est-ce que nous ne pouvions pas tous nous blottir les uns contre les autres pour former une joyeuse pile ?

Je décidai que j'allais lui prouver qu'elle avait tort. Personne n'avait besoin d'être mis sur la Corde raide. Ni moi. Ni Heath.

Ni personne.

J'avais tout compris et j'étais impatiente d'arriver au match. Ça allait être génial !

CHAPITRE 4

Nous aperçûmes Heath dix minutes après notre arrivée.

Dix minutes !

C'était comme si le destin avait décidé que nous avions un avenir ensemble. Avec tous les gens présents au match, quelles étaient les chances de l'apercevoir aussi vite ? Avant que mes cheveux ne frisent ou que mon maquillage ne se défasse, avant que ma mère ne réalise que j'avais enlevé mon grand pull pour montrer un adorable petit chemisier qui attirait magiquement les yeux vers ma poitrine presque invisible. J'étais quasiment sûre que c'était la bande blanche juste au-dessus des seins qui était si attirante.

Inutile de dire qu'Allie l'avait piqué dans l'armoire de sa sœur, mais Louisa n'en prendrait pas ombrage. En fait, elle serait sûrement à cent pour cent derrière nous si c'était pour mettre un garçon à genoux et le faire mourir d'envie.

Nous nous dirigions vers le stand de boissons fraîches pour prendre des sodas lorsque je vis Heath. Il était dans la queue, devant nous, toujours avec sa veste de cuir et son jean noir.

Je donnai un grand coup de coude à Natalie qui était juste à côté de moi.

– C'est lui !

– Où ? demanda Frances.

Natalie était trop occupée à reprendre son souffle pour pouvoir dire un mot.

– Il achète des hot-dogs. Le type avec la veste noire.

J'avais envie de me cacher derrière mes amies.

– Il va croire que je le suis.

– Bien sûr, dit Allie. Avec trois cents personnes au match et ton frère dans l'équipe, il n'y a absolument aucune autre raison pour expliquer ta présence, excepté le fait de le suivre.

– Tu crois ?

– Non. Je plaisantais.

Allie m'attrapa le bras, me tourna vers elle et m'inspecta rapidement.

– Tu es très parfaite. Vas-y.

– Vas-y quoi ? Je ne sais pas quoi lui dire.

– Faisons la queue, dit Frances. Il va passer près de nous en repartant.

C'était bien Frances. Toujours calme. Toujours réfléchie.

– Bonne idée.

Nous nous mîmes dans la queue, et je me plaçai à l'extérieur, là où il allait devoir passer. Mon cœur battait la chamade. Pire… il était hors de contrôle. Est-ce que c'était ça que l'on ressentait juste avant d'avoir une crise cardiaque ? Mon estomac faisait des nœuds et même la plante de mes pieds transpirait.

– Je ne peux pas.

– Si, tu peux.

Natalie se glissa près de moi, bloquant toute échappatoire; Heath payait son hot-dog et sa boisson.

– Il vient.

Oh mon Dieu ! Il se dirigeait droit sur moi. Il était tellement beau, et si grand. Est-ce qu'il avait toujours la même odeur ? Je levai le nez et humai l'air, mais l'odeur des hot-dogs et du maïs soufflé était omniprésente.

Il approchait. Il était maintenant à moins d'un mètre.

Mes oreilles se mirent à sonner et j'eus l'impression que j'allais m'évanouir. Oh, ça, ce serait le summum de la dignité !

Son regard passa sur moi et je réussis à sourire. Il répondit par un sourire. J'adore son sourire.

Je sentis un coude dans mon dos et reçus l'ordre de dire quelque chose.

Il était juste à ma hauteur et allait passer.

– J'ai eu le rôle, jetai-je rapidement.

Il posa les yeux sur moi.

– Tu m'as parlé ?

– J'ai eu le rôle.

– Quel rôle ?

Oh, mon Dieu ! Il ne se rappelait pas de moi.

– Le... le...

Puis, quelqu'un cria son nom et il se détourna.

Et il disparut, emporté par la foule.

Parti.

Quelle horrible soirée !

– J'ai une théorie à propos de vendredi soir, annonça Allie le dimanche soir, à propos de ce qui s'est passé avec Heath au match.

– Je m'en fiche.

En fait, je ne m'en fichais pas. Pas du tout même, mais j'avais passé le week-end à essayer de chasser Heath de mes pensées et le fait qu'Allie entame le sujet ne m'aidait pas. Pour le moment, j'étais allongée sur mon tapis, les yeux fixés au plafond.

C'est ce que j'avais fait tout le week-end.

Il ne m'avait pas reconnue.

J'avais été obsédée par lui chaque seconde depuis que je l'avais rencontré et il ne s'était même pas souvenu de mon visage et encore moins de mon nom. Comment est-ce que quelqu'un pouvait oublier un prénom comme le mien ? Très peu de gens l'oubliaient après m'avoir rencontrée. Mais Heath l'avait complètement oublié...

Ce n'était pas bon signe.

Pas bon du tout.

– Ma théorie..., reprit Allie. Est-ce que quelqu'un veut l'entendre ?

– Non.

Je n'avais pas envie de parler ou de penser à Heath une minute de plus.

Mais Frances et Natalie n'étaient pas du même avis.

– Quelle est ta théorie, Allie ? demanda Frances.

Elle était curieuse. Elle n'avait jamais de devoirs à faire le dimanche soir. Après tout, autant analyser le fait que Blue Waller soit devenue invisible.

Par contre, moi, j'avais des devoirs à faire, mais comment penser aux maths avec ma rate en route vers le centre de transplantation et mon corps couvert de marques de pas après une ascension sur la Corde raide avec des vents de force 7 ?

Nous nous retrouvions toutes les quatre tous les dimanches soirs pour faire nos devoirs depuis des années. Au début, nous travaillions vraiment sur nos devoirs. Et nous avions gardé la tradition même quand Allie et Frances étaient parties dans des écoles privées parce que c'était plus facile de faire nos devoirs ensemble que seules.

En fait, nous avions comme un accord tacite de garder quelque chose à faire pour le dimanche soir.

Mais pas Frances. Ce n'était pas dans sa nature. Donc, ce soir, elle lisait un livre. Pour s'amuser. Pas un livre de cours, une BD. Il y avait peut-être de l'espoir pour elle.

De mon côté…, je n'avais pas encore commencé un seul devoir et je n'avais aucune chance de les faire avant le lundi matin, mais je m'en fichais. J'étais trop déprimée pour travailler.

– Oui, quelle est ta théorie ? renchérit Natalie.

– Je ne veux pas l'entendre, annonçai-je.

– Alors, n'écoute pas.

Allie mit les mains sur son livre d'algèbre tel un gourou près à prêcher.

– À l'audition, Blue n'avait pas de maquillage. Elle portait un blue-jean et un pull trop grand, et ses cheveux étaient en bataille après la longue journée de cours.

Mon estomac fit un nœud.

– Je n'avais pas réalisé que j'étais aussi moche.

Non pas que j'écoute, parce que ce n'était pas le cas.

– Non, non, non.

Allie me tapota le genou.

– Tu étais très bien. Mais au match de foot, tu avais l'air séduisante comme si tu avais seize ans.

– Vraiment ? J'avais l'air d'avoir seize ans ? Même sans poitrine ?

Frances fit les yeux ronds.

– Les femmes mûres n'ont pas toutes une grosse poitrine.

– Je sais, mais ça aide, dis-je.

– Bon…

Allie leva la main pour attirer notre attention…

– Ce n'est pas parce qu'il n'a pas remarqué Blue à l'audition, c'est juste qu'il ne l'a pas reconnue parce qu'elle avait l'air différente, plus âgée, et il y avait tellement de distractions autour qu'elle n'a pas eu le temps de le vamper.

– Le vamper ? Je ne savais pas que j'étais supposée le vamper. J'avais déjà assez de mal à trouver quelque chose de sensé à dire.

– Oui, c'est quoi vamper ? demanda Natalie.

– Je ne sais pas exactement, admit Allie. Mais là n'est pas la question.

Elle tendit le doigt vers moi.

– Ne t'en fais pas. Nous allons te remettre sur pied avant la première répétition et il va tomber à tes pieds quand il réalisera que la sublime fille du match de foot est la même adorable Blue qu'il a rencontrée à l'audition.

– Tu le crois vraiment ?

Je n'en étais pas sûre, mais Frances hocha fermement la tête. Elle était du même avis.

– Je crois qu'Allie marque un point. Tu avais l'air différente au match. Ce petit haut *sexy* te mettait vraiment en valeur. Frances sourit... Il était sans doute trop occupé à regarder ta poitrine pour remarquer ton visage.

– Si seulement !

Personne n'avait encore jamais regardé ma poitrine au lieu de mon visage.

Allie alla vers le pied de mon lit où elle avait étalé tous ses devoirs.

– Te rappelles-tu où était son regard ?

– Il... hum !... heu !...

J'essayais de me convaincre qu'il avait les yeux fixés sur ma poitrine, mais c'était du délire.

– Je crois qu'il regardait au-delà de moi... dans la foule.

– Oh ! Allie fronça les sourcils. Alors, je crois qu'il va falloir s'en tenir à ma première conclusion. Il ne t'a tout simplement pas reconnue.

– Parce que tu étais très séduisante, ajouta Natalie.

Je scrutai les visages de mes fidèles amies et je décidai qu'elles étaient folles à lier.

Mais j'avais envie de les croire.

J'avais besoin de les croire.

Ce n'était pas possible que Heath ait oublié jusqu'à mon existence.

– Ma première répétition est mardi, à cinq heures et demie.

Allie hocha la tête.

– On te retrouvera dans les vestiaires à cinq heures. J'apporterai des trucs de Louisa.

Natalie sourit et frappa dans ses mains.

– J'aurai juste fini mon entraînement. Je vous rejoindrai aussi.

À ce moment-là, la porte de ma chambre s'ouvrit et la tête de ma mère apparut. Elle portait une chemise bleue et un pantalon blanc très large. Pas de noir du tout. Hourra !

– Les filles, vous êtes censées travailler, pas bavarder.

– Nous parlions de la première répétition de Blue, dit Natalie. Elle est un peu nerveuse.

– Oh !...

Il n'en fallait pas plus pour que ma mère s'en mêle. Elle entra dans la chambre et s'assit sur mon lit à côté d'Allie.

La thérapie de ma mère.

Juste ce dont j'avais besoin pour me sortir Heath de l'esprit.

L'inverse.

Le lundi après les cours, j'ouvris la porte de l'étable et je commençai à raconter ma vie aux animaux.

– Ma première répétition est demain soir. Je suis un peu nerveuse.

– Une répétition pour quoi ?

La tête d'un garçon apparut derrière les conteneurs de nourriture. Je poussai un cri.

Bon, d'accord, je l'admets. Crier n'est pas très digne, mais je ne m'attendais vraiment pas à trouver un être humain dans l'étable. Au moins, je ne m'étais pas évanouie, bien qu'Allie l'aurait probablement conseillé dans certaines circonstances.

– Qui es-tu et que veux-tu ?

Oh, la, la. J'étais loin d'être la reine du charme ce soir. La peur m'avait enlevé tout vernis social. Phénomène intéressant.

– Je m'appelle Colin Bradshaw. Es-tu Blue ?

Comment savait-il mon nom ? Est-ce que c'était un rôdeur ? Hum !… il était plutôt mignon pour un rôdeur, même si son jean était râpé et trop grand et ses bottes usées jusqu'à la corde. Il avait un certain charme.

Mais rien à voir avec Heath.

– Qu'est-ce que tu fais dans mon étable ?

– Je t'attendais.

– Moi ?

Oh, oh ! Il en avait vraiment après moi. Devais-je paniquer ? Me sauver ?

– Pourquoi ?

– Tu es censée me montrer quoi faire.

Il s'appuya contre la porte.

– Tes parents ne t'ont pas dit qu'ils m'avaient embauché ?

– Oh !… Non, mes parents ne me l'ont pas dit.

Dommage ! Ce n'était pas un rôdeur. Il aurait peut-être fait ressortir les instincts protecteurs de Heath. Après qu'il m'eût reconnue, bien sûr.

– Alors tu es mon remplaçant ?

– Pour les trois prochains mois.

Il croisa les bras sur sa poitrine.

– Tu joues dans une pièce ?

– Une comédie musicale.

Rien de mal à laisser les gens croire que je pouvais chanter.

– Tu chantes ?

Pas le temps de me rouler dans mes illusions une seule seconde.

– Non. Je ne sais pas chanter. C'est un rôle non musical.

– Super !

Super ? Qu'est-ce qu'il veut dire par là ?

– Je ne sais pas chanter non plus, dit-il.

Oh, mon Dieu ! Est-ce qu'il essaie de créer un lien entre nous ? Avait-il le béguin pour moi ? Inacceptable. J'étais prise. Autant lui ôter ses illusions tout de suite.

– Heath sait chanter.

Colin leva un sourcil.

– Qui est Heath ?

– Un garçon, dis-je vaguement.

– Un petit ami ?

J'avais envie de dire oui…, mais j'avais du mal à mentir. Mentir était ce qui contribuait à la chute de la société. Négocier des heures de dîners adaptées était une chose. Mais mentir était complètement différent. Ma mère allait porter du noir pendant un an si elle le découvrait; et elle parvenait toujours à le découvrir. Comme toutes les mères, elle était devineresse.

– Je l'espère.

Colin hocha la tête.

– Ah ! Un type que tu aimes bien.

– Je joue sa mère dans le spectacle.

– Intéressant.

– Je ne suis pas réellement sa mère, dis-je. Ce serait bizarre dans la vraie vie.

Colin sourit comme s'il savait que je commençais à m'embrouiller.

Zut !

– C'est quoi son nom ?

– Heath Cavendish.

Colin pencha la tête.

– Heath Cavendish, hein ? dit-il sur un ton suspicieux.

– Tu ne dois pas le connaître. Il est en dernière année.

– Moi aussi.

– Oh ! Il joue aussi au basket.

Colin leva la main.

– Je m'avoue vaincu. Heath Cavendish peut t'avoir. Je m'efface.

Il s'efface ? Il n'est pas dans la course que je sache… ou bien l'est-il ? Bien sûr que non. Il est là pour nettoyer l'étable. Heath n'a sans doute jamais nettoyé une étable de sa vie. Ce n'est pas le genre de job cool.

– Alors, tu veux savoir comment nourrir les animaux ou quoi ?

– C'est pour ça que tes parents me paient.

– Au moins, ils te paient. Je faisais ça gratuitement.

Un léger sourire flotta sur les lèvres de Colin et je remarquai qu'il avait une jolie bouche.

– Les parents profitent parfois de leurs enfants, n'est-ce pas ?

– Absolument.

– Donc, si tu ne travaillais pas gratuitement pour tes parents, où travaillerais-tu ?

Travailler ? Je n'avais jamais pensé à travailler. Je n'avais que quatorze ans.

– Heu !…

Réfléchissons !

– Avec des enfants. Je travaillerais avec des enfants.

– Comme professeure ?

Hum !... ça faisait un peu poltronne.

– Jeunesse de gang.

Ma mère avait récemment mentionné à quel point les gangs étaient un substitut de la famille, et que si la cellule familiale de l'ère nucléaire n'avait pas éclatée, les enfants ne seraient pas dans des gangs.

Colin leva un sourcil.

– Jeunesse de gang ?

– Oui. Tu sais, aller dans les centres-villes et aider ces jeunes. Il faudrait bien sûr que je sois armée.

Oh, oh ! Ma mère n'aimerait pas trop le côté armé. Il vaudrait mieux lui cacher ce petit détail.

Il sourit.

– Je n'aurais pas cru que tu étais du genre à porter une arme.

Halte-là ! Allie allait me tuer d'avoir dit que je voulais une arme ! Ce n'était pas la bonne façon d'attirer les garçons. La bonne façon, c'était de porter des jupes moulantes, de se passer la main dans les cheveux et de rire aux bons moments. Pas de leur dire qu'on voulait porter une arme.

Jamais je n'arriverai à mettre un garçon sur la Corde raide. Jamais ! J'étais vraiment nulle dans ce domaine !

Sauf que… je n'essayais pas d'attirer l'attention de Colin. Peut-être que mon subconscient savait cela et m'aurait fait agir de manière plus appropriée si Heath avait été en face de moi plutôt que Colin.

Ce devait être cela. C'était cela. Tout espoir n'était pas perdu.

Ouf !

– Blue ? Tu es là ?

Ah ! Soulagement !

– Ici, criai-je.

Colin me regarda, confus.

– Ce sont mes amies. Elles viennent dîner à la maison ce soir pour m'aider à me préparer pour ma répétition de demain.

– Tu dois choisir ta tenue, hein ?

Quoi ? Avait-il des sœurs ou quoi ? Ou une petite amie sérieuse.

Allie apparut, suivie de Natalie et Frances. Elles s'arrêtèrent net en voyant Colin.

– Salut !

– Colin, voici Allie, Frances et Natalie. Mes amies. Les filles, voici Colin. Il est chargé de l'étable les jours où je répète.

Hochant la tête en signe de bienvenue, mes amies s'égayèrent dans l'étable.

– Alors de quoi parle-t-on ici ? demanda Natalie d'un ton hyper nonchalant.

Faites confiance à mes amies pour s'accrocher à un garçon. N'importe lequel. Mais c'était moi qui l'avais rencontré, donc c'était à moi de l'ignorer.

– Nous n'avons pas le temps de parler, expliquai-je. Le dîner est dans une demi-heure.

– Super. On va tous t'aider.

Natalie se leva d'un bond et attrapa le tuyau.

– Je leur donne de l'eau.

– Je vais voir les poules, dit Allie.

– Et moi je m'assure que la chèvre n'a rien mangé de mortel aujourd'hui, ajouta Frances.

Elles disparurent presque instantanément, me laissant seule avec Colin.

– Bon… je vais te montrer comment nourrir les animaux et nettoyer l'étable.

– C'est bon pour moi.

Tandis que j'ouvrais un conteneur de grains, je pensais à la réponse de Colin à propos de Heath. Il n'avait en fait pas dit s'il le connaissait ou non. Ils étaient tous les deux en dernière année. L'école n'était pas si grande… Peut-être qu'il pourrait me donner quelques détails sur Heath qui m'aideraient à le vamper. Le vamper. Quelle drôle d'idée !

– Tu vas à Hill High ?

– Oui.

– Alors tu connais Heath ?

– Je sais qui il est.

– Et ?

– Et quoi ?

Est-ce qu'il se fichait de moi ? C'était pourtant évident que je voulais des informations sur lui, non ? Comment rester subtile si Colin refusait de me comprendre à demi-mot ?

– Heu !… vous êtes amis ?

– Pas vraiment, non.

Intéressant.

– Pourquoi ?

– Parce que j'ai mieux à faire.

– Qu'est-ce qui ne va pas avec Heath ?

Colin me jeta un coup d'œil.

– Absolument rien. Je suis sûr qu'il sera parfait pour toi.

Oh, oh ! Pourquoi me donnait-il l'impression que Heath était un perdant ?

En fait, je m'en fichais.

C'était Heath qui m'intéressait.

Le beau et séduisant Heath.

J'étais nerveuse à l'idée du lendemain.

CHAPITRE 5

La soirée s'annonçait mal. L'entraînement de Natalie finissait plus tard, Allie était en colle et n'avait pas pu donner à Frances le maquillage et les vêtements *sexy* prévus, et Heath était dans le hall du théâtre. Je n'avais aucun moyen de me glisser incognito dans la salle… hélas, sans maquillage et en blue-jean.

Peut-être ne me verrait-il pas, après tout.

J'attendis jusqu'à cinq heures trente et une, mais il ne faisait pas mine d'entrer et la répétition était commencée.

Ma vie était aussi terrible que mon prénom.

Je fis bouffer mes cheveux pour les faire tomber devant mon visage, je baissai la tête et me mis à courir dans le hall, espérant passer devant Heath si vite qu'il ne me reconnaîtrait pas.

À vos marques ! Prêts ? Partez ! Je partis à fond… droit dans Heath.

Littéralement.

Voilà ce que c'était que de regarder mes pieds au lieu de la direction où j'allais. Je me sentais vraiment idiote avec les mains de Heath sur mes épaules.

Oh, mon Dieu !

Ses mains étaient sur mes épaules. Et il me regardait droit dans les yeux, d'un regard intéressé et tendre. J'étais certaine que j'allais fondre sur place comme du beurre trop chaud.

– Et là ! dit-il. Regarde où tu vas.

– Désolée, murmurai-je, les yeux baissés.

– Mais c'est toi !

Super. Il m'avait reconnue maintenant. Je levai les yeux. J'étais sûre qu'il se demandait pourquoi je n'avais pas fait de retouche à mon maquillage. J'étais stupide de ne pas apporter mes propres affaires au cas où Allie serait bloquée. Cela faisait deux fois qu'elle était collée ce mois-ci. J'aurais pu prévoir..., mais non… depuis que j'avais rencontré Heath, mon cerveau avait arrêté de fonctionner.

– C'est Blue ton prénom, n'est-ce pas ?

– Oui.

Au moins, il se rappelait de mon prénom.

– Alors, quel rôle as-tu eu ?

Hum !… il engageait la conversation sans tenir compte de mon air débraillé. Que faire ? Prétendre tomber violemment malade et courir aux toilettes ou adopter « l'attitude », assumant que j'étais belle, que je portais de la lingerie *sexy*, que les hommes se pâmaient devant moi et que le monde était à mes pieds.

Comme si je savais faire cela !

Mais pour Heath, j'allais essayer. Courir aux toilettes en prétendant être malade n'était sûrement pas la meilleure façon d'attirer un gars de dernière année. Je rejetai donc mes cheveux en arrière. Cela lui faisait-il penser à un mannequin ou à une folle à cheveux longs ?

Bien que mon niveau habituel d'amour-propre penchât plutôt pour la théorie de la folle, *l'attitude* demandait que j'adopte la philosophie du mannequin. J'étais une déesse. Heath était ma victime. Je dirigeais le monde.

– En fait, Heath, je crois que j'ai eu le rôle de ta mère.

Je lui fis un sourire que je pensais éblouissant et un petit signe de la tête.

– On va passer un peu de temps ensemble.

Il voyait que j'étais douée.

Un ange passa.

Puis, il plissa les yeux et me regarda plus intensément.

Quoi ? Est-ce que j'avais un bouton ? À l'aide !

– Attends une seconde. C'était toi la fille au match de foot.

Enfin !

– J'étais là, oui. Mon frère est dans l'équipe.

Juste pour qu'il ne s'imagine pas que j'y étais allée pour lui... même si c'était vrai. Mais ça il n'avait pas besoin de le savoir. Du moins, je crois. Je ne me rappelais plus les limites de ce que j'étais censée dire. Zut ! C'était compliqué l'attitude.

– Désolé.

Heath mit une mèche de mes cheveux derrière mon oreille.

– Je ne t'avais pas reconnue.

Oh !

Mon Dieu !

Il m'a touchée.

– Alors, tu viens à la soirée des acteurs vendredi soir ?

– La soirée des acteurs ?

Il m'a touchée. Il m'a touchée. Il m'a touchée. Je ne me laverai plus jamais les cheveux.

– Oui. C'est la première soirée des acteurs de la saison, dit Heath. Tu as un stylo ?

Si j'avais un stylo ? Bien sûr que j'avais un stylo. Je lâchai mon sac à dos et en tirai un stylo rouge et un morceau de papier. Heath prit le stylo, puis m'attrapa la main et écrivit l'adresse sur la paume de ma main.

Oh ! Mon Dieu !

– C'est l'adresse. Je crois que ça commence vers sept heures.

Il me toucha la joue.

– J'espère que tu pourras venir. Amène des amies si tu veux.

Quitte à tomber de la Corde raide, perdre ma rate et être aplatie comme une crêpe par un énorme camion, il était hors de question que je manque cette soirée.

Pour un jeudi soir, le centre commercial était bourré à craquer. Les cours étaient finis. Les élèves se retrouvaient souvent dans l'espace de la restauration. Des jeunes de ma classe étaient là, bavardant et mangeant. Une délicieuse odeur de frites grasses et de hamburgers flotta vers moi. Quelle chance ils avaient !

Ce serait tellement cool si je pouvais manger au centre commercial certains soirs au lieu de toujours devoir être aux dîners familiaux. En fait, je pourrais le faire, à condition de manger deux fois. C'est sûrement ce qui va arriver quand je commencerai à sortir avec un garçon.

La pâte à pizza sentait bon. Pourquoi est-ce que ma mère était contre ce genre de nourriture ?

Je reçus un coup de coude et réalisai qu'Allie me parlait. Je n'arrivais pas à l'entendre dans ce brouhaha de musique, de cris et de rires. Il n'y avait que des élèves de première et de deuxième année. Les élèves de dernière année qui avaient leur permis de conduire avaient apparemment autre chose à faire que de traîner ici.

Comme Heath, qui répétait en ce moment.

Je me trouvais là parce que le rôle non chanté de sa mère ne durait que cinq minutes, ce qui signifiait que je n'avais été qu'à une seule répétition cette semaine. Cela ne me donnait pas vraiment beaucoup de chances de convaincre Heath qu'il devait m'aimer.

Mais la soirée des acteurs de ce soir allait m'en donner l'occasion.

Vamper Heath.

Vamper quelqu'un demande de la préparation et d'avoir « l'attitude ». C'est pourquoi Allie nous avait entraînées au centre commercial pour un magasinage tardif du jeudi soir.

– Hé ! Allie me donna un autre coup de coude. Tu m'écoutes ?

– Désolée.

Je chassai Heath de mes pensées et regardai mes amies.

– Que se passe-t-il ?

– J'essaie de comprendre, dit Allie. Même sans maquillage ou vêtements décents, il t'a invitée à la soirée ?

– Oui.

Il l'avait fait. C'était incontestable. Et c'était génial.

– Et bien, je suis impressionnée. « L'attitude » a fonctionné à merveille.

– Je ne sais même pas ce qu'est « l'attitude », dis-je, en m'arrêtant devant un magasin de lingerie. Vous pensez vraiment que c'est nécessaire ?

Frances et Natalie me rentrèrent dedans. Elles pouffaient de rire. Elles avaient sans doute remarqué un garçon plus mignon que les autres et lui et ses amis allaient tous nous voir entrer dans la boutique. Pourquoi la boutique était-elle au milieu du centre commercial, juste à côté de l'espace de la restauration ? Tout le monde pouvait nous voir.

– Louisa porte toujours des sous-vêtements *sexy* quand elle sort, même si elle n'a aucune intention de laisser un garçon les voir; ça aide à générer « l'attitude », expliqua Allie. Je sais que tu ne veux pas lui emprunter ses sous-vêtements, donc tu dois acheter les tiens.

– J'ai un bikini. Quel est le problème ?

Il n'allait de toute façon pas le voir avant longtemps.

– Non. Pas de bikini.

Allie entra dans la boutique en nous lançant un regard hautain.

– Un string.

– Un string ? Le truc qui te rentre dans les fesses ?

– Oui.

Elle les guida dans la boutique comme si elle la connaissait par cœur.

Ce qui était probablement vrai, si on y réfléchissait.

Elle s'arrêta devant un présentoir plein de dessous de soie brillants.

– Vas-y. Choisis.

J'en pris un noir à dentelle rouge et le levai. Un petit triangle de tissu sur le devant et des lanières autour des hanches et dans la raie des fesses.

– Tu plaisantes, n'est-ce pas ?

– Non. Ils sont super et bien plus confortables que tu ne l'imagines.

Natalie en prit un et l'examina, fronçant légèrement le nez.

Frances jeta un bref regard sur la table avec un air désapprobateur.

– Allez, Frances !

Je lui lançai un string à motif léopard.

– Tu sais que tu en veux un.

Elle sourit et l'attrapa.

– J'en veux un rouge.

Allie siffla.

– Ah, ah ! La vraie Frances émerge ! Rouge passion.

Elle en tenait un en velours rouge.

– Comme celui-ci ?

Frances le lui prit des mains et tâta le tissu.

– Très joli.

– Je suis sûre que toutes les petites amies de Théo portent des strings, dis-je.

Les joues de Frances virèrent au rouge d'un seul coup. Je jetai un coup d'œil à Allie et Natalie, mais elles étaient occupées à fouiller dans les strings et n'avaient rien remarqué.

Il fallait vraiment que j'aborde le problème Frances et Théo.

– Alors, Blue, tu prends lequel ?

– Hum !...

Je regardai une fois de plus vers la table et un morceau de soie vert émeraude accrocha mon regard. Je le pris et l'inspectai. Une dentelle délicate devant, un vert profond comme du jade au soleil. Superbe. Et ridiculement *sexy*. Je ne pourrais jamais le porter. Et je ne pourrais certainement pas l'acheter.

– Je prends celui-ci.

Mais pourquoi pas ?

Allie et Natalie en prirent aussi un chacune, et Allie en acheta un pour Frances, qui refusait d'en acheter un pour elle-même.

Quand la vendeuse me tendit le sac, j'eus l'impression qu'il me brûlait les doigts. Un string ! J'avais un string ! En dentelle, brillant et *sexy*. J'aurais l'impression d'avoir dix-huit ans si j'avais le courage de le porter, et je serais assez grande pour sortir avec Heath.

Je sortis dans le hall en balançant le sac entre mes doigts, me demandant si quelqu'un allait remarquer que je venais juste de devenir une diva *sexy*. Devinerait-il ce qui était dans ce sac ? De quoi m'évanouir de honte.

– Blue ?

Une voix masculine prononça mon nom.

Je devais rêver ! J'étais dans l'entrée d'une boutique de lingerie avec un string qui brûlait les parois du sac que je tenais. Il était hors de question de répondre. Je tournai à gauche et commençai à marcher... en plein dans Colin qui venait vers moi.

Hum ! Minute d'embarras total.

– Salut, Blue.

Il jeta un coup d'œil vers le magasin et eut l'un de ces énervants sourires masculins.

– Tu fais des courses ?

– Heu !... non ! Je traîne juste avec mes amies.

Il montra le sac que j'avais à la main.

Zut ! Quelle idiote de mentir avec une telle évidence.

– Je... heu !... tu sais...

Mon Dieu ! Avant que j'arrive à trouver quelque chose de cohérent à dire, une petite fille de huit ans se précipita vers nous et attrapa la main de Colin.

– Ils ont des glaces. J'en veux une.

– Bien sûr.

Colin me jeta un coup d'œil.

– C'est ma petite sœur.

Il ne semblait pas du tout embarrassé d'être vu avec sa petite sœur un jeudi soir dans un centre commercial. Alors que, moi, je n'avais qu'une envie, c'était de me cacher sous une pierre et de mourir sur-le-champ – à cause du string, pas à cause de la sœur. Je préférais de loin être surprise avec Marissa qu'avec un string.

– Oh, salut Colin.

Allie apparut à ma droite, tandis que Frances et Natalie se plaçaient à ma gauche.

– Tu as déjà fini de nettoyer les saletés de l'étable ?

– Oui. J'ai été à la bonne école.

Il me sourit. Sa petite sœur le tirait par la manche.

– Colin, viens ! dit-elle. Allons chercher des glaces.

– Attends.

Il me désigna.

– C'est la grande sœur de Marissa.

La petite fille me regarda avec intérêt.

– Est-ce que Marissa est là ?

– Heu !… non ! Elle est à la maison.

– Oh !

Elle fit la moue.

– Alors, viens, Colin.

Il haussa les épaules pour s'excuser.

– Il faudra qu'on les fasse se rencontrer un de ces jours.

– Comment sais-tu que je suis la sœur de Marissa ?

Belle tactique qui me permettait d'éviter de répondre à sa suggestion. Ce n'était pas mon genre de sortir avec ma petite sœur.

– Elles vont à l'école ensemble. Ta mère connaît la mienne, et une chose en entraîne une autre, c'est comme ça que j'ai eu le travail de nettoyer votre étable.

– Oh !… c'est vrai, je me demandais d'où tu sortais !

– Alors, il n'y a plus de secret !

Sa sœur le tira brusquement et il fit un bond, réussissant à se frayer un chemin dans la foule sans heurter qui que ce soit.

Natalie le fixait.

– Il est vraiment mignon.

– Très mignon, d'une manière débraillée et bourrue, ajouta Allie.

Je le regardai marcher. Il était plus grand que je ne le pensais, à moins que ce ne soit sa sœur qui le fasse paraître grand. Il portait le même jean trop large, le même survêtement délavé et les mêmes vieilles bottes que le jour où je l'avais rencontré. Pas très haut sur l'échelle de la mode, mais vraiment mignon.

Pour celles qui aiment ce genre de look.

Ce qui n'était pas mon cas.

J'aimais le genre de look de Heath.

Et j'avais hâte de rentrer essayer mon string. Imaginez, Blue Waller en string ! C'était trop drôle. Je me sentais comme une andouille.

Ou peut-être pas.

Peut-être que je déborderai de confiance en moi et « d'attitude » et que Heath sera incapable de résister à mon charme. Il me tombera dans les bras pour me déclarer son amour et son attachement éternel.

J'allais porter ce string demain soir, même si c'était la chose la plus inconfortable que j'aie jamais portée.

Ma mère nous déposa au coin de la rue pour que nous ne soyons pas vues arrivant à une soirée avec un parent. Heath conduisait sûrement sa propre voiture – et il ne serait aucunement impressionné par une fille qui laissait sa mère la conduire.

– Tu portes le string ? demanda Frances.

Je souris.

– Oui.

Ce n'était pas si inconfortable que cela, et je me sentais très osée. Est-ce que quelqu'un à la soirée saurait que je portais un string ? Tous ne le sauraient sans doute que lorsque j'aurai enfilé ma jupe serrée. Pas de signe de slip égale un string.

Mon cœur battait la chamade.

Nous nous arrêtâmes dans un jardin, deux maisons avant celle de la soirée, et Natalie remonta ses collants tandis que j'enlevais mon jean et mettais ma jupe. Mon grand chandail atterrit dans mon sac à dos, laissant la place à un petit haut en tissu élastique emprunté à Allie. Celle-ci n'avait pas besoin de se changer, car elle pouvait porter ce qu'elle voulait; sa mère ne lui censurait jamais ses tenues. Quant à Frances, elle ne portait que des jeans. Après avoir caché nos sacs dans un buisson, nous étions prêtes.

Pour les hommes.

Suite à l'insistance d'Allie, je marchai la première. Après tout, c'était ma soirée.

Ma soirée. Pouvez-vous y croire ? J'avais été invitée à une soirée avec des élèves de dernière année. Moi toute seule. Sans l'aide de Louisa. Sans Théo… qui de toute façon n'invitait pas sa petite sœur à ses soirées s'il pouvait l'éviter.

Et je portais un string.

J'étais vraiment digne du secondaire.

Je m'arrêtai à l'entrée. J'allais sonner, mais la porte était ouverte et je pouvais entendre le joyeux brouhaha de l'intérieur.

– Est-ce que j'entre simplement? murmurai-je à Allie qui était plus experte en soirées que le reste d'entre nous.

– Oui.

Mais elle ne fit pas un geste; elle ne voulait pas entrer la première.

– Vas-y.

Vas-y. Était-elle devenue poltronne?

Bon, je pouvais le faire.

Je portais un string.

J'ouvris la porte à moustiquaire et entrai sans même regarder si mes amies suivaient.

Ma première vraie soirée.

C'était génial!

CHAPITRE 6

Je suivis la musique et les rires jusqu'à l'arrière de la maison. Il y avait au moins cinquante personnes dans la cuisine et sous la véranda, et certaines dansaient dans le salon sous des lumières tamisées.

Ouah !

C'était quelque chose !

Je m'arrêtai net et l'une de mes amies me rentra dedans; elles étaient sûrement aussi stupéfaites que moi devant les démonstrations d'érotisme des danseurs.

Deux personnes me lancèrent un regard, mais ne me reconnurent pas. Après tout, je n'avais été qu'à deux répétitions cette semaine. Le reste du temps, la troupe avait travaillé sur les parties dansées et je n'en faisais pas partie.

Ils avaient tous eu le temps de se connaître… et j'avais raté ça.

Du coup, je me sentais comme une idiote parce que personne ne me connaissait. Ils devaient voir que j'étais une fille de quatorze ans et penser que je m'étais trompée de soirée. J'étais sûre que, sous peu, quelqu'un allait s'approcher de moi pour me dire de partir.

Mais je leur épargnerai cette peine.

Je me retournai pour pousser mes amies vers la sortie quand une main se posa sur mon épaule. Mon estomac fit un nœud et je pivotai, prête à subir l'humiliation totale d'être jetée dehors comme une malpropre.

Oh mon Dieu, c'était Heath !

Il sourit.

– Blue ! Je suis content que tu sois venue.

Je vis ses yeux glisser sur ma tenue. Il fit un signe de tête approbateur.

– Tu es très mignonne.

Mignonne. Il pensait que j'étais mignonne !

Oh !

Mon !

Dieu !

Se doutait-il que je portais un string ?

Soudain, il passa son bras autour de mes épaules et me guida vers la cuisine, me présentant à diverses personnes comme la fille qui joue le rôle de sa mère. Tout le monde était super sympa et me félicitait pour le rôle. C'était franchement impressionnant ce que le fait d'être associée à un type comme Heath pouvait faire pour le statut social.

Et il n'enlevait pas son bras de mes épaules. C'était comme si j'étais sa petite amie. Comme s'il disait à tout le monde que j'étais avec lui.

C'était sûrement l'effet du string.

Demain, j'en achèterai une centaine et je les porterai tous les jours pour le reste de ma vie. Ou du moins jusqu'à ce que je sois mariée et que je n'aie plus besoin d'attirer des garçons.

Heath me souleva, m'installa sur l'îlot de cuisine, puis s'accouda à côté de moi, sa hanche contre ma cuisse. Heath parlait avec d'autres gens, mais je n'arrivais pas à me concentrer sur ce qui était dit. Il occupait toutes mes pensées. Sa hanche me brûlait la peau.

Ma jupe, déjà trop courte pour le bien-être de ma mère, était encore remontée du fait de mon installation sur l'îlot et montrait quasiment toutes mes cuisses.

En temps normal, j'aurais été très embarrassée, mais ayant observé que le regard de Heath glissait de temps en temps sur mes jambes, je décidai de ne rien changer.

Il mit la main sur mon genou.

Sur mon genou ! Mon genou qui était nu ! Sa peau touchait ma peau ! Heureusement que j'étais assise, car mes jambes tremblaient tellement que je serais sûrement tombée.

Son pouce se mit à caresser ma peau. Je lui jetai un coup d'œil furtif, mais il ne me regardait pas; il hochait la tête en réponse à quelqu'un comme s'il ignorait que sa main était sur mon genou… et remontait sur ma cuisse !

Seigneur !

Étais-je supposée le laisser faire ? Nous étions en public. Est-ce que les gens allaient penser que j'étais une fille facile ? Ou est-ce que c'était cool ?

Je jetai un regard paniqué autour de la pièce. Allie était dans un coin, collée à un type, mais Frances et Natalie me regardaient. Quand elles croisèrent mon regard, elles levèrent les pouces et me sourirent.

Bon, alors c'était peut-être cool.

– Tu veux danser ?

– Quoi ?

Oh, la, la ! J'avais l'air vraiment paniquée.

Heath sourit et passa les doigts dans mes cheveux qui, soit dit en passant, restaient bien coiffés.

– Il y a justement un slow. Tu veux danser ?

Est-ce que je voulais danser ?

Oui et non.

Oui, parce que je l'aimais tellement que j'avais du mal à tenir debout.

Et non, parce que j'étais terrifiée.

Un slow ? Avec un gars de dernière année ? Qu'attendait-il de moi ? Je ne savais même pas comment embrasser ! Il verrait immédiatement que j'étais une dinde maladroite.

N'attendant pas ma réponse, Heath mit les mains sur mes hanches, me souleva de l'îlot et me posa doucement sur le sol devant lui.

J'avais l'impression que mon visage était en feu. Je devais être rouge comme une pivoine.

Il me prit la main et me conduisit vers la piste, là où les lumières étaient éteintes et où la musique jouait à fond.

Je sentais la sueur couler entre mes omoplates. Très *sexy,* mais pas forcément diva ! Je jetai un coup d'œil en direction de Natalie et Frances, mais elles parlaient à des garçons et ne faisaient pas attention à moi. Et Allie ? Je ne la voyais nulle part...

Jusqu'à ce que j'arrive sur la piste.

Allie était dans un coin de la pièce, plongée dans une sérieuse séance de pelotage. Les mains du jeune homme étaient sur son dos, sous sa chemise, et elle avait les doigts dans ses cheveux.

Tout avait l'air tellement facile !

Heath me sourit, passa les mains autour de ma taille et m'attira contre lui. Mes mains. Où devais-je les mettre ? Je ne m'étais pas suffisamment préparée pour cet événement. Je jetai un coup d'œil autour de moi et remarquai que la plupart des filles avaient les mains autour du cou du garçon et qu'elles avaient une joue posée sur sa poitrine.

Bon.

Pas de problème.

Mais au moment où je mis les mains derrière le cou de Heath, il resserra sa prise et me serra tout contre lui. Tellement fort que mon corps était collé au sien des hanches à la joue que j'avais nichée contre sa poitrine.

Relaxe, Blue.

Je pris une profonde inspiration… et inhalai une bouffée de sa lotion après-rasage. Oh, ouah ! Il sentait aussi bon que l'autre soir sur scène. Je poussai un soupir et enfouis mon visage dans sa poitrine. Il était si chaud, si fort, si solide.

C'était parfait.

– Je suis content que tu sois venue, ce soir, dit-il.

Son souffle chaud caressa mon cou.

– Moi aussi.

À ce point-là, Allie me dirait sans doute de jouer les distantes, mais je n'en avais pas envie. Je l'aimais bien et ça semblait être réciproque. Et jouer ce genre de jeu me semblait un peu idiot.

Je sentis ses lèvres sur mon cou.

Wouh.

Wouh.

Wouh.

C'était comme si du chocolat chaud courait dans mes veines, réchauffant mon corps, faisant tout fondre sur son passage. Le baiser de seconde classe avec Billy Smith derrière la balançoire quand nous avions tous les deux douze ans n'avait rien à voir avec ça, et Heath ne m'avait pas encore vraiment embrassée.

Pas encore.

Allait-il le faire ?

Il m'embrassa encore le cou, puis fit glisser ses lèvres jusqu'au lobe de mon oreille, qu'il mordilla quelques instants.

Heureusement qu'il me tenait aussi serrée, parce que mes jambes ne me soutenaient plus.

Il relâcha un peu son étreinte et se pencha en arrière.

– Blue ?

Il leva mon visage vers le sien.

– Quoi ?

Il avait un air vague et ses yeux étaient mi-clos. Il commença à se pencher vers moi, et je sus qu'il allait m'embrasser. Je veux dire, un vrai baiser, sur la bouche, avec la langue et tout et tout.

Il approchait.

Approchait

Mais au fait, comment embrassait-on ? Je n'en avais aucune idée et... il allait le découvrir. Il allait penser que j'étais un vrai bébé si je ne savais pas comment faire. J'allais me ridiculiser et cette idée fut subitement insupportable.

Ses lèvres étaient à peine à deux centimètres des miennes et il avait les yeux fermés.

Ahhh !

C'était la panique !

– Je dois y aller. Je te verrai aux répétitions cette semaine.

Je me dégageai brusquement de son étreinte et partis en courant. D'accord, je ne courais pas vraiment, mais je marchais vite en essayant de ne pas piquer un sprint. J'attrapai le poignet d'Allie au passage, la désincrustant de son type, puis tirai Natalie et Frances qui me regardaient faire, bouche bée.

Alors que nous franchissions la porte, je me retournai un instant pour regarder Heath. Il était planté là où je l'avais laissé et me regardait fixement. J'étais trop loin pour voir son expression, mais j'étais sûre qu'il était dégoûté d'avoir gaspillé du temps avec moi.

C'était la pire soirée de ma vie.

Personne ne dit mot jusqu'à ce que Natalie et moi ayons remis nos vêtements approuvés par ma mère, et que je l'aie appelée pour qu'elle vienne nous chercher. La première utilisation de mon téléphone portable n'était pas très excitante parce que j'étais trop déprimée. Nous attendions, assises sur le trottoir sous un lampadaire, en silence.

– J'ai tout gâché, dis-je finalement.

Cela faisait mal seulement à le dire.

– Explique ce qui s'est passé, dit Allie qui ne semblait pas du tout mécontente d'avoir été tirée des griffes de son type. Mais c'était Allie. Les garçons allaient et venaient avec elle, si vite qu'elle ne se rappelait même pas leur nom.

– J'ai paniqué.

– On a vu, dit Natalie. Mais que s'est-il passé ? Tout semblait bien aller.

– Il allait m'embrasser.

– Et… ?

Même Frances était intéressée.

– Je me suis sauvée.

– Avant qu'il t'embrasse ? demanda Natalie.

– Bien sûr, avant.

– Pourquoi ?

Natalie avait apparemment adopté le rôle de l'interrogateur, tandis que Frances et Allie prenaient des notes mentales.

– Parce que je ne sais pas comment embrasser ! Il aurait su instantanément que j'étais une novice, il aurait été dégoûté et serait parti, et ça, je ne pouvais le supporter !

– Donc, tu l'as mis sur la Corde raide, dit Allie.

– Mais non ! Je me suis juste ridiculisée et il est sûrement convaincu qu'il perdait son temps avec moi.

Je m'allongeai sur le trottoir, sans me soucier de la poussière. Quelle importance ? Je n'oserai plus jamais me montrer en public.

– Je crois que tu te trompes.

Le ton d'Allie attira mon attention; je me redressai.

– Que veux-tu dire ?

– Et bien, tu étais super *sexy* et aguichante ce soir, et Heath était complètement après toi, n'est-ce pas ?

– Si tu le dis.

Je préférais sa vision des choses à la mienne.

– Et juste au moment où il croyait t'avoir, tu l'as plaqué.

– Ne m'en parle pas !

– Non, non, écoute !

Allie m'attrapa le bras avant que je ne m'allonge à nouveau sur le trottoir.

– C'est parfait ! Maintenant il se demande si tu l'aimes ou non. Il a un pied sur la Corde raide et ça va aiguiser son intérêt pour toi. Si tu aimes un garçon, tu ne l'embrasses jamais, jamais, lors du premier rendez-vous. C'est le seul moyen pour qu'il se souvienne de toi.

– Tu embrasses bien les garçons tout le temps.

– Mais je ne les aime pas. Si je les aimais, ce serait totalement différent. Je n'embrasserais jamais un garçon que j'aime. Pas au premier rendez-vous.

– C'est étrange.

– Bien sûr ! dit Allie. Mais les garçons sont étranges. Ils aiment les défis et c'est ce que tu lui as donné.

Je pinçai les lèvres. Est-ce qu'Allie avait raison ? Est-ce que je n'avais pas tout gâché ?

– Blue, tu as mis ton premier type sur la Corde raide. Heath est perché là-haut, dans le vent, il regarde Storrow Drive et se demande à quel point il a besoin de sa rate. Sa chère Blue l'a planté au milieu de la piste de danse. Que doit-il faire ?

Je rigolai.

– Tu crois que c'est ce qu'il pense ?

– Oui. Et tu peux parier qu'il va venir te trouver dès que tu arriveras à la répétition. Juste pour voir et s'assurer que tu ne le détestes pas.

Allie sourit.

– Louisa serait fière de toi.

– Je suis fière de toi, dit Natalie.

– Moi aussi.

Frances hocha la tête.

– Bravo, Blue. Tu es maintenant une femme.

Une femme, hein ?

Un garçon sur la Corde raide et un string sur les fesses. Qui l'eut cru ?

– Alors, tu as une répétition demain soir ?

Allie était assise sur le conteneur à grains, balançant les jambes, tandis que Natalie et Frances s'étaient installées sur les couvertures des chevaux dans un coin. Ma mère m'avait dit que Colin ne pouvait pas venir aujourd'hui.

Pas de problème, je n'avais pas de répétition ce soir.

Mais demain, c'était différent.

– Oui. Je vais le voir demain... puisque toutes mes scènes sont avec lui...

Oh, mon Dieu ! Mes mains tremblaient seulement à y penser.

– Que devrais-je faire ? Devrais-je m'excuser de l'avoir laissé ?

– Non !

Allie tapa du pied sur le conteneur.

– Rappelle-toi que c'est lui qui a besoin d'être incertain en ce moment. Joue cool. Laisse-le se demander si tu es fâchée contre lui. Porte le string, ça te mettra dans le bon état d'esprit.

– Je pense que j'ai besoin de plus de strings. Je ne peux pas laver celui-là sans arrêt.

J'avais fini de balayer et je posai le balai contre le mur.

– Et s'il essaie encore de m'embrasser ?

– Tu devrais l'embrasser, dit Allie.

Natalie hocha la tête.

– Ne le repousse pas trop.

– Mais je ne sais toujours pas comment embrasser. C'est pour ça que je ne l'ai pas fait l'autre soir ! Pas parce que je le mettais sur la Corde raide !

– Qui n'as-tu pas embrassé ?

Colin apparut dans l'embrasure de la porte, un grand sourire sur les lèvres.

Mais pourquoi arrivait-il toujours au milieu de nos conversations celui-là ? C'était très embarrassant.

– Heath Cavendish, annonça Allie.

– Allie !

J'allais officiellement mourir de honte.

– Vraiment ?

Colin s'adossa contre la porte et croisa les bras comme s'il allait rester là et partager notre conversation.

– J'ai du mal à imaginer qu'une fille refuse d'embrasser Heath. Comment l'a-t-il pris ?

– Je ne sais pas, murmurai-je. Je suis partie.

– Tu as refusé de l'embrasser et tu es partie ?

Colin sourit.

– Alors ça, j'adore !

Je n'allais pas parler de ça avec un garçon.

– Pourquoi es-tu ici ? Ma mère m'a dit que tu ne viendrais pas aujourd'hui.

– Changement de plan. Donc, j'ai pensé que je pouvais passer voir s'il y avait quelque chose à faire. J'ai toujours besoin d'un peu plus d'argent.

– Eh bien, ce soir c'est moi qui fais le boulot, alors tu peux partir.

Une étrange expression passa dans les yeux de Colin, mais il haussa les épaules.

– D'accord. Alors à plus.

– Attends une seconde.

Allie sauta du conteneur et attrapa le bras de Colin.

– Tu devrais rester. Nous pourrions avoir besoin de tes conseils.

Était-elle devenue folle ?

– Non, nous n'en avons pas besoin. Il peut partir.

– Non, non.

Allie tira Colin dans l'étable.

– Colin, j'ai une question pour toi.

J'eus soudain pitié de lui. Il était clair qu'il n'avait pas envie d'être soumis aux questions d'Allie, mais il était trop gentil pour la repousser.

– Si un garçon embrasse une fille qui n'a jamais embrassé qui que ce soit avant, le verra-t-il ?

Colin plissa les yeux.

– Verra quoi ?

– Qu'elle n'a jamais embrassé auparavant.

Allie leva des yeux exaspérés, et je me demandai s'il était de bon ton de m'évanouir. Comme ça, on m'emmènerait à l'hôpital et j'éviterais cette discussion extrêmement humiliante sur mes talents d'embrasseuse. Colin ne m'intéressait pas, mais c'était un garçon et je n'avais pas envie qu'il connaisse mes problèmes de baisers.

– Oh !

Colin me jeta un coup d'œil.

– C'est pour ça que tu n'as pas embrassé Heath ? Parce que tu avais peur qu'il pense que tu n'avais pas d'expérience ?

Si seulement la terre pouvait s'ouvrir et m'avaler !

– Je ne crois vraiment pas que cette conversation soit utile.

– Moi qui croyais que tu avais refusé de l'embrasser parce que tu ne le voulais pas. Quel idiot j'étais ! Quelle fille refuserait d'embrasser Heath Cavendish ?

– Et alors ? Il est populaire. Quel est le problème ?

Personnellement, je pensais que c'était plutôt cool qu'il soit populaire.

Colin haussa les épaules.

– Rien.

– Tu n'as pas répondu à la question d'Allie, dit Frances.

– Frances !

À quoi pensaient mes amies ? Depuis quand avaient-elles décidé de m'embarrasser à ce point ?

Colin se tourna vers Frances.

– Tu veux dire, est-ce qu'en embrassant une fille je serais capable de dire si elle a de l'expérience ou non ?

– Oui.

– Non ! lançai-je.

J'attrapai le bras de Colin et essayai de le pousser dehors, notant dans un coin de ma mémoire qu'il était vraiment musclé.

– Pars, Colin. Cette conversation me tue.

Il s'extirpa habilement de ma prise et entra de nouveau dans l'étable, son grand sourire aux lèvres. Il se tourna vers Allie.

– Il se peut que je puisse dire si une fille est inexpérimentée et, si je l'aime bien, c'est encore mieux. Je préfère embrasser une fille qui n'a pas embrassé tout un tas de types.

– Hein ?

Allie croisa les bras, essayant de se rappeler les innombrables garçons qu'elle avait embrassés. C'est sûr qu'elle allait feindre l'ignorance la prochaine fois.

– Mais si je veux juste un peu d'action, je préfère une fille qui sait ce qu'elle fait, ajouta-t-il.

Merci à Colin d'avoir compliqué les choses.

– Et… un type comme Heath ? demanda Allie, en se frottant les lèvres pensivement.

– Je ne suis pas Heath. Je ne sais pas.

Allie me regarda; je voyais qu'elle réfléchissait à toute vitesse.

– Heath est un vétéran. Je suis sûre qu'il recherche une fille expérimentée.

Je levai les mains.

– Super ! Maintenant, je vais vraiment éviter de l'embrasser. Merci beaucoup, Allie.

– C'est gérable, dit-elle.

J'eus une subite inquiétude.

– Qu'est-ce qui est gérable ?

Je n'aimais pas son expression; j'avais l'impression qu'elle complotait ma chute.

– Ton manque d'expérience.

D'un seul coup, je sentis que la discussion allait vers un terrain glissant.

– Quoi ? Suis-je supposée pratiquer le baiser avec le chien ?

– Non, dit-elle en montrant Colin. Sur lui.

– Tu veux que j'embrasse Colin ?

Mon estomac fit un nœud et j'eus instantanément les mains moites.

– Non, mais laisse Colin t'embrasser. Laisse-lui t'apprendre comment embrasser. Et après, tu pourras embrasser Heath et le subjuguer.

Allie souriait.

– Tu dois bien apprendre d'une manière ou d'une autre, alors pourquoi pas Colin ?

– Parce que… parce que…

Parce que avoir quelqu'un qui m'apprenne comment embrasser était la chose la plus embarrassante au monde. Et Colin ? Bien sûr qu'il était mignon, mais ce n'était pas mon genre du tout.

Pas question de l'embrasser.

Impossible.

Je n'allais pas admettre que j'avais en fait la trouille de l'embrasser. C'était encore plus embarrassant.

– Je ne peux pas demander à Colin de faire cela.

Il me regarda et, pour la première fois, je réalisai que ses cils étaient vraiment longs et épais.

– Je veux bien t'embrasser, Blue.

Oh !

Mon !

Dieu !

CHAPITRE 7

L'espace d'un instant, j'eus envie de dire oui. Je voulais apprendre à être une incroyable « embrasseuse » et Colin était assez mignon. Mais pas suffisamment pour que j'en aie vraiment envie. D'un autre côté, comme je ne l'aimais pas, je n'avais pas à m'inquiéter de me rendre ridicule. Et la prochaine fois que Heath essaierait de m'embrasser, je n'aurais pas besoin de l'éviter.

Je voulais accepter l'offre de Colin. Mais comment faire? C'était très embarrassant.

– Heu! merci, non, merci! dis-je.

Il leva un sourcil.

– Alors, c'est dit.

– Attends une seconde.

Allie s'interposa.

– Vous n'allez pas jouer les poules mouillées quand même. Blue a besoin d'être embrassée et Colin est d'accord.

– Il n'a pas dit qu'il était d'accord, dis-je.

Mes genoux commençaient à trembler.

– Il était juste poli.

– Quel garçon refuserait l'offre d'apprendre à une fille à embrasser ? poursuivit Allie. Les garçons adorent embrasser les filles et Colin n'y fait pas exception. N'est-ce pas Colin ?

Il haussa les épaules.

– Si tu le dis.

Mon cœur se mit à battre plus fort. Avait-il prononcé des mots magiques ? Pourquoi est-ce que toutes les filles n'étaient pas à ses pieds ? Mystère.

Allie attrapa la main de Colin et fit un signe à Natalie qui me saisit le bras. Elles commencèrent à nous traîner l'un vers l'autre.

– Hum !... Frances ? Tu ne veux pas m'aider un peu ? implorai-je.

Mais Frances était en train d'ouvrir une stalle.

Colin se laissait faire. Il était plutôt amusé. Bien sûr, c'était amusant pour lui. Trois filles de quatorze ans qui l'obligeaient à apprendre à embrasser leur amie dans une stalle d'écurie. Il allait sûrement s'empresser de raconter cet épisode hilarant de sa vie à tous ses amis dès qu'il les verrait. S'il ne s'agissait pas de moi, j'aurais sûrement trouvé ça drôle.

Mais puisqu'il s'agissait de moi, j'avais plutôt envie de fondre en larmes.

Enfin, pas vraiment, mais pas loin.

Allie poussa Colin dans la stalle que je venais de nettoyer et de remplir de copeaux frais. Ça sentait bon le cèdre frais. J'avais toujours trouvé cette odeur rafraîchissante et apaisante, mais aujourd'hui…, elle me donnait presque la nausée. Surtout quand Frances me poussa dans la stalle, referma la porte et glissa le loquet.

Oh génial ! Elles nous ont enfermés.

– Nous reviendrons dans dix minutes, cria Natalie. Ne perdez pas de temps.

Les lumières s'éteignirent et le silence se fit.

Nous.

Seuls.

Dans le noir.

Avec en tête l'idée de s'embrasser.

Ou, du moins, pour ma part. Colin était probablement en train d'essayer d'imaginer un moyen pour ouvrir la porte de l'intérieur.

– Charles est dans l'enclos ? demanda Colin.

– Oui, dis-je sèchement.

À l'évidence, il n'y avait aucun cheval dans la stalle. Bon d'accord, j'étais un peu tendue, mais on le serait à moins.

– Je suis… heu !… désolée de tout ceci. Vraiment… je n'avais… aucune idée…

Oh mon Dieu ! Et s'il allait imaginer que je lui avais tendu un piège parce que je voulais l'embrasser.

– C'est vrai, Colin, ce n'était pas mon idée. Je n'ai jamais demandé à…

Il posa sa main sur ma bouche.

– Tais-toi.

Il le dit si gentiment que cela me fit chaud partout.

– Je sais, dit-il.

– Oh !

Le silence retomba.

Qu'est-ce qu'une fille était supposée dire au garçon avec lequel elle avait été enfermée pour apprendre à embrasser ?

– Alors ?

– Tu n'as pas à m'embrasser, dis-je rapidement.

– Ça ne me déplaît pas.

– Vraiment ?

– Non.

– Oh !

Bon, alors que fait-on maintenant ?

– Alors, tu veux ?

– Veux quoi ?

– Blue !

Je pouvais entendre le sourire dans sa voix.

– Heu !...

– C'est OK de dire oui. C'est également OK de dire non. C'est comme tu veux.

J'eus envie de taper du pied.

– Tu ne veux pas décider ?

– Tu veux que je décide pour toi si tu veux être embrassée ou non ?

Il semblait franchement amusé.

– Oui. Ce serait beaucoup mieux.

Bien sûr, j'avais envie qu'il m'embrasse. Et en même temps, j'étais tellement nerveuse que je ne le voulais pas. Par conséquent, j'étais incapable de prendre une décision.

– Je ne peux pas faire ça.

– Tu ne peux pas m'embrasser ?

– Je ne peux pas prendre la décision pour toi.

– Pourquoi pas ?

– Ma mère.

Sa mère ?

– Que veux-tu dire ?

– Ma mère est vraiment pour la libération de la femme, et j'ai six sœurs. Elles auraient ma peau si j'embrassais une fille qui ne le veut pas. Et crois-moi, elles le découvriraient.

Oh, génial ! C'était vraiment spectaculaire.

– Alors, je ne peux pas te demander de m'embrasser.

– Pourquoi ?

– Parce que c'est embarrassant !

Mes yeux commençaient à s'habituer à l'obscurité, et je pouvais presque voir son expression, amusée et sérieuse à la fois. Et anonyme. Je sentis que je pouvais l'embrasser et que personne ne le saurait jamais, et que nous n'en parlerions jamais l'un et l'autre. Ce serait notre secret.

De plus, j'aurai appris à embrasser. Et il était vraiment mignon. Et il était un gars de dernière année. Et il n'y avait aucune pression, puisque je n'essayais pas de le vamper.

Donc, c'était assez positif.

Je pris une profonde inspiration.

– Je veux apprendre à embrasser. Avec toi. Maintenant.

Voilà. Je l'avais dit. Je ne pourrai pas le redire. S'il te plaît, ne m'oblige pas à le répéter.

Mais, il ne le fit pas. Il s'approcha de moi et s'arrêta à environ dix centimètres. Il était vraiment grand… probablement aussi grand que Heath.

Il sourit.

– Relaxe.

– Je suis relaxe.

Non. Je pris une profonde inspiration.

– Où dois-je mettre mes mains ?

– Ici.

Il m'attrapa les poignets et mit mes mains sur sa poitrine, à la hauteur de ses clavicules.

– Tu peux ensuite les glisser autour de mon cou si tu veux.

– Est-ce que je le veux ?

– Blue, détends-toi. Il n'y a pas de règles. Fais juste ce que tu sens.

Il prit délicatement mon visage dans ses mains. Il était doux; mes genoux se mirent à trembler, mais pas trop.

– Comment ça va ?

– Très bien, murmurai-je.

– Est-ce que tu vas t'évanouir ?

– Je ne m'évanouis pas.

– Bien. Prête ?

Je hochai la tête.

Il se pencha vers moi.

Il allait m'embrasser.

– Ferme les yeux, murmura-t-il.

Je les fermai.

Et je sentis alors ses lèvres sur les miennes.

Oh !

Mon !

Dieu !

C'était comme un feu d'artifice. Ses lèvres étaient douces et chaudes et aussi fermes. Il m'embrassa un peu plus fort et mon estomac se noua.

– Embrasse-moi toi aussi.

– Comment ?

– Fais juste ce qui te semble naturel.

Puis, il s'arrêta de parler et se remit à m'embrasser, bougeant ses lèvres contre les miennes dans un rythme imprévisible et étonnant. Alors, je bougeai mes lèvres en rythme avec les siennes, à l'inverse de lui en quelque sorte, pour m'exercer.

Je sentis ses mains glisser de mon visage à ma taille, il les posa sur mes reins et m'attira vers lui. Comme quand je dansais avec Heath, je sentais son corps contre le mien, mais cette fois, je n'avais pas peur. J'étais au paradis. C'était incroyable.

Je décidai que je voulais mettre mes mains autour de son cou, et je les bougeai, les glissant dans ses cheveux; ils étaient très doux. Puis, il fit ce bruit, comme un grognement sourd et je sentis sa langue toucher mes lèvres.

J'avais toujours pensé que c'était bizarre…, mais en fait, c'était fantastique. Tout mon corps vibrait et j'avais envie de lui rendre la pareille.

Et je le fis.

Puis, il le refit.

Et je le refis.

Puis, nous le fîmes ensemble.

Et c'était génial. Je me sentais à la fois chaude et pétillante, et mon estomac était à moitié renversé.

C'est alors qu'on frappa à la porte de la stalle.

– Nous sommes de retour.

Colin me lâcha instantanément et recula.

Pendant un instant, j'eus envie d'aller vers lui pour qu'il recommence.

Mais je ne bronchai pas. J'essayais seulement de reprendre mon souffle.

Colin s'éclaircit la gorge.

Le loquet de la porte glissa, mais personne ne l'ouvrit… sans doute pour nous donner le temps de continuer.

Ce que j'avais vraiment envie de faire.

N'était-ce pas choquant ? Étais-je devenue Allie, avec son obsession d'embrasser ?

– Hum !… tu t'es super bien débrouillée, dit Colin.

– Vraiment ?

– Hum, hum !

– Tu…

Est-ce qu'une fille était supposée complimenter un garçon sur sa manière d'embrasser ?

– Tu embrasses vraiment bien.

Un sourire releva un coin de sa bouche.

– Comment le sais-tu ? Tu n'as personne avec qui me comparer.

Je levai le menton.

– Une fille sait ces choses-là, dis-je avec raideur.

– Un seul baiser et tu es une experte ?

– Pas du tout, admis-je. Bon d'accord, je retire ce que j'ai dit. Tu embrasses horriblement mal.

– Tu ne peux pas le retirer. C'est déjà parti.

– Bon, d'accord. Je le pensais vraiment.

Colin jeta un coup d'œil vers la porte qui s'était maintenant légèrement entrouverte. Nous entendions mes amies parler doucement; elles étaient sans doute impatientes de savoir ce qui s'était passé.

– Si tu veux encore t'entraîner, je serai heureux de t'aider.

Je ne pensais plus pouvoir pratiquer le baiser avec Colin sans tomber amoureuse de lui. Et c'était Heath que je voulais. Enfin, j'avais l'impression que ça pouvait interférer.

– Tu crois que Heath va aimer m'embrasser ?

Une expression étrange passa sur le visage de Colin.

– Je ne peux pas parler pour Heath.

– Bon, alors penses-tu que je doive m'entraîner encore avant de l'embrasser ?

Colin fit un mouvement et j'eus l'impression qu'il allait quitter la stalle.

– Je pense que tu embrasses très bien. Il faut que je parte maintenant.

Il poussa la porte du bout de sa botte et sortit. Je l'entendis dire au revoir à mes amies et je réalisai qu'il partait.

Ce qui était bien. Mais pourquoi avais-je ce vague sentiment de malaise à l'idée qu'il parte ? Ce n'était pas là quand je l'embrassais.

La porte s'ouvrit toute grande sur Allie, Frances et Natalie.

– Que s'est-il passé ?

– T'a-t-il embrassée ?

– Était-ce bon ?

– Embrasse-t-il bien ?

– Étais-tu nerveuse ?

– Était-ce bizarre ?

Je levai les mains pour demander le silence.

– Je suis officiellement prête pour Heath.

C'était vrai. J'étais devenue une femme ou, du moins, une jeune femme qui savait comment embrasser.

C'était presque la même chose.

Nous avions une demi-heure avant la répétition, ce qui me laissait le temps de me maquiller et de discipliner mes cheveux. Mes trois amies étaient là. Allie avait apporté son maquillage et des vêtements empruntés à sa sœur. Natalie avait fini son entraînement dans les temps prévus et Frances avait laissé tomber ses livres.

Et quand je dis discipliner mes cheveux, c'est un tour de force. De couleur châtain clair, ils sont raides et font généralement ce qu'ils veulent. Mais le fer à friser d'Allie fit des miracles, ce qui restaura ma confiance personnelle.

J'arrivai dans le hall trois minutes avant le début de la répétition et vis Heath avec deux amis. Cette fois, au lieu d'essayer de me cacher, j'avançai la tête haute en faisant semblant de ne pas le voir comme Allie me l'avait conseillé. Je sentais son regard sur moi et j'avais du mal à ne pas courir vers lui pour lui demander pardon pour mon attitude lors de la soirée.

Mais mes amies me regardaient de loin et elles m'avaient ordonné de ne pas lui parler la première. Bon. D'accord. Je suivais leur conseil parce qu'elles me regardaient, mais si Heath ne m'avait pas adressé la parole à la fin de la répétition, j'irais m'excuser. Mais sans lui dire que je m'étais enfuie parce que je ne savais pas comment embrasser ni que, depuis, je m'étais entraînée. Ce serait trop stupide.

Alors que je m'approchais de la porte, plusieurs personnes me saluèrent. Elles étaient à la soirée ce vendredi soir dernier et se souvenaient sans doute que j'avais été avec Heath. Je leur souris au passage, puis j'allai m'asseoir au second rang vers la scène, de façon à ne pas voir Heath entrer et à ne pas être tentée de courir me jeter à ses pieds.

Frances, Natalie et Allie avaient dû s'installer au balcon pour mieux voir la scène. Les espionnes !

M. Howland siffla, puis demanda à chacun de s'asseoir. Il nous lut ensuite l'ordre de répétition des scènes pour la soirée.

La première était ma scène avec Heath.

Génial ! Même pas une seconde pour me préparer.

Je pris une profonde inspiration, j'attrapai mon script, je forçai mes jambes flageolantes à me porter et je me dirigeai vers la scène. Cette fois, je fis le tour jusqu'aux marches pour que Heath n'ait pas besoin de m'y hisser.

Non pas que je n'en avait pas envie.

Le simple fait de le voir me bouleversait et je me sentais fondre. Était-ce ça être amoureuse ? Est-ce que j'avais gâché tout ça ?

Alors que j'avançais vers le centre de la scène, Heath m'y rejoignit d'un bond. Quel bel athlète ! Ça ne m'étonnait pas qu'il soit une vedette du basket.

Je m'arrêtai à environ un mètre de lui et me tournai vers M. Howland. Du coin de l'œil, je vis que Heath me regardait, mais je ne voyais pas son expression.

Ce jeu d'être difficile à conquérir n'était pas mon genre et j'étais mal à l'aise. Pourquoi tout ça devait-il être un jeu ? Pourquoi ne pouvais-je pas simplement lui dire que je l'aimais bien et que j'étais désolée d'avoir pris peur ?

M. Howland commença à nous donner des indications sur nos positions et mouvements, et je dus lui prêter attention. J'écrivis ses instructions sur mon script, puis répétai mes dialogues avec Heath.

Nous n'avions pas de scène de baiser ni même de contact, mais Heath ne me lâchait pas des yeux. Pensait-il que ma tête allait s'envoler ou que j'allais être heurtée par des objets insolites ?

Notre répétition se déroula sans heurt, puis d'autres acteurs prirent notre place sur scène; je réalisai subitement que jouer la comédie demandait beaucoup de travail. Et je n'avais que deux semaines pour apprendre mes dialogues !

Une autre chose me frappa : le fait de jouer une scène avec Heath ne signifiait pas que nous soyons connectés psychiquement. Tout au long de la répétition, il m'avait regardée intensément, mais rien d'autre ne s'était passé et nous n'avions eu aucune chance de nous parler.

Pire encore, dès la fin de notre scène, M. Howland me demanda de sortir pour que Heath et son amoureuse puissent répéter leur chanson.

Et voilà ! Je m'étais préparée, maquillée et entraînée à embrasser pour rien. Il ne m'avait même pas fait un signe de tête. Rien. J'avais vraiment tout gâché à cette soirée. Je n'aurais jamais dû laisser Allie me remonter le moral.

Les garçons étaient dégueulasses.

J'attrapai mon sac à dos et sortis de la salle en essayant de sourire aux gens qui me saluaient.

Mes amies me retrouvèrent dans le hall. Elles avaient la mine sombre.

Oh, super ! Elles pensaient comme moi.... Aucun espoir que tout soit mon imagination.

– Dure soirée, dit Allie.

– C'est un imbécile, annonça Frances. Et tu n'en veux pas de toute façon.

Natalie mit simplement le bras autour de mes épaules.

– Et c'est pour lui que tu te mets du fil dentaire dans les fesses ?

Je ne pus m'empêcher de sourire.

– Un fil dentaire en soie verte.

– Les hommes ne se rendent pas compte de tout ce que nous, femmes, endurons pour eux, dit Natalie. Ce sont tous des idiots.

– Hé, Blue !

Oh mon Dieu ! Je me retournai vivement et vis la tête de Heath dans l'encadrement de la porte.

– Sa... salut !

Mes amies s'éloignèrent d'un pas tranquille pour nous laisser un semblant d'intimité. En fait, je savais qu'elles tendaient l'oreille pour écouter.

– Tu pars déjà ?

– Oui.

Il fallait que je m'excuse.

– Écoute… commençai-je

– Qu'est-ce que tu fais vendredi soir prochain ?

– Quoi ?

Je secouai la tête pour m'éclaircir les idées. Avais-je bien entendu ?

– Es-tu libre vendredi ?

– Oh, oui ! Bien sûr !

Libre ? Pour Heath ? Quelle question !

– Bon, alors, je t'appelle dans la semaine pour une sortie vendredi.

– OK. Super.

Je devais rêver. C'était génial. Fabuleux.

– Est-ce que tu as d'autres répétitions cette semaine ?

– Heu !… je ne crois pas.

Mon rôle non musical ne nécessitait pas que j'assiste à beaucoup de répétitions, ce qui était bien dommage. Pourquoi ne savais-je pas chanter ? Quelle tare à porter si jeune !

– Bon. Alors je t'appelle. C'est quoi ton numéro de téléphone ?

Je sortis immédiatement un stylo et un papier de mon sac et écrivis le numéro de la maison et celui de mon téléphone portable, au cas où. Il fallait que ça marche.

– Le second est celui de mon téléphone portable. Tu appelles quand tu veux.

– Super.

Il venait de mettre le papier dans sa poche quand son amoureuse de la scène vint le chercher.

– Viens, Heath. M. Howland est revenu.

– D'accord.

Il me sourit.

– Il faut que j'y aille. À plus.

Puis, il tourna les talons et rentra avec elle. Pour aller chanter.

Ai-je déjà dit que je la haïssais ? Intéressant étant donné que je ne connaissais même pas son nom.

Mais c'était avec moi qu'il allait sortir ce vendredi et non avec elle. Et cette fois, je serai prête pour l'embrasser.

La vie était redevenue belle.

CHAPITRE 8

Le jeudi soir, Heath ne m'avait toujours pas appelée. J'étais restée à la maison toute la semaine, littéralement à côté du téléphone, et il n'avait pas appelé.

– S'il appelle ce soir, dis-lui que tu as d'autres plans pour vendredi, annonça Allie.

– Pas question. Je ne vais pas refaire la même erreur.

C'était suffisamment difficile d'avoir un rendez-vous avec Heath.

– Il ne faut pas que tu aies l'air désespérée, dit Natalie.

– Comment pourrais-je avoir l'air désespérée ? Il m'a demandé de sortir avec lui mardi et j'ai dit oui. C'est désespéré ça ?

– C'est parce qu'il n'a pas appelé pour confirmer, dit Allie. Et il devrait te prévenir plus tôt.

La tête de ma mère apparut à la porte de la cuisine où elle préparait une sorte de quiche aux algues.

– De quoi parlez-vous, les filles ?

– Un garçon de la troupe a demandé à Blue de sortir avec lui vendredi, mais il n'a pas encore appelé pour confirmer, et je pense qu'elle ne devrait pas y aller même s'il appelle ce soir. Ce n'est pas suffisamment en avance, dit Allie.

Grrrr. Merci Allie. Je n'avais aucune intention de discuter de mes problèmes de cœur avec ma mère, mais maintenant c'était raté.

Ma mère posa son grand couteau sur une tablette et me regarda.

– Tu as un rendez-vous vendredi ? À quelle heure ?

– Je ne sais pas si j'ai un rendez-vous. Il n'a pas appelé.

– À quelle heure ?

– Je ne sais pas. J'imagine pour aller dîner, puis aller au cinéma.

– Tu ne peux pas y aller.

Elle reprit son couteau et rentra dans sa cuisine.

Quoi ? Je ne pouvais pas y aller ? De quoi parlait-elle ? Pas question que je refuse un rendez-vous avec Heath parce que ma mère ne le voulait pas. Je bondis sur mes pieds pour la suivre, après avoir lancé un mauvais regard à Allie pour en avoir parlé.

– Natalie, surveille mon téléphone portable. S'il sonne, réponds. Fais pareil avec celui de la maison.

Elle hocha la tête et je filai dans la cuisine.

– Maman. Pourquoi ne puis-je pas sortir avec un garçon ?

Reste calme, Blue. Ne la laisse pas te faire paniquer.

– Théo sortait à mon âge.

Ma mère me lança un regard noir.

– N'essaie pas d'impliquer Théo. Ça a marché une fois, mais ça ne marchera pas deux fois.

– Mais il sortait à mon âge !

– Sache que ce n'est pas la sortie que j'objecte.

Elle attrapa une carotte biologique dans un sac recyclable et la mit sur sa planche à gratter en bois naturel.

– Tu ne peux pas manquer le match de Théo pour un rendez-vous.

J'en étais bouche bée. D'accord, c'est un peu exagéré, mais j'étais trop sous le choc pour contrôler mon expression.

– Quoi ?

– Le match de Théo. Tu sais que nous devons tous le soutenir.

– Il ne s'aperçoit même pas de notre présence.

– Bien sûr que si. Même s'il ne nous voit pas, il nous sent.

– Il n'est pas devin.

– Comment le sais-tu ?

Je devais rêver. Discutions-nous vraiment des capacités divinatoires de Théo ?

– Maman !

– Quoi ?

– C'est un garçon incroyable. Et il est en dernière année. Et c'est la première fois qu'il me demande de sortir avec lui. Te rends-tu compte à quel point c'est rare pour un gars de dernière année de s'intéresser à une fille de quatorze ans ?

Il fallait qu'elle comprenne à quel point c'était important pour moi. Bien plus important que le stupide match de Théo.

– Ne te rappelles-tu pas quand tu étais jeune ? Peux-tu t'imaginer dans ma situation et que ta mère te demande d'aller à une sortie de famille à la place ? Ce n'est pas juste.

Ma mère posa son couteau et se tourna vers moi; elle avait un drôle d'air sur le visage.

Oh, oh ! Je n'aimais pas du tout ça. Je reculai d'un pas.

– As-tu eu des relations sexuelles avec un garçon ?

Oh mon Dieu ! Je voyais déjà les gros titres. Une jeune fille de quatorze ans meurt d'embarras.

– Maman !

– Oui ou non ? Tu dis toi-même à quel point c'est rare pour un gars de dernière année d'être intéressé par une fille de quatorze ans. Quand j'étais au secondaire, cela voulait généralement dire « sexe ».

– J'ai embrassé un garçon une fois dans ma vie.

Je n'arrivais pas à croire que j'avais cette conversation avec ma mère.

– C'est tout. Rien d'autre.

– Tu es sûre ? insista-t-elle.

– Bien sûr que je suis sûre. Je pense que j'aurais remarqué le reste !

J'avais haussé le ton et je sentis ma mère sur le point de sortir son sermon sur la relation entre les cris et la chute de la société. Je pris une profonde inspiration pour me calmer.

– Maman, crois-le ou non, je suis actuellement l'une des jeunes filles les plus retardées socialement de ma classe. Mais malgré cela, Heath m'aime bien. Il a même essayé de m'embrasser la semaine dernière, mais je me suis sauvée. Et il veut encore sortir avec moi. Peut-être qu'il pense que je suis juste intéressante. Est-ce que tu comprends ça ?

Ma mère poussa un soupir et s'essuya les mains dans son tablier.

– Oh, Blue ! Ce n'est pas ce que je voulais dire. Bien sûr que je pense que tu es merveilleuse et intéressante. Je veux juste être sûre que tu prends les bonnes décisions. Je suis heureuse que ce garçon voie qui tu es vraiment. Est-il végétarien ?

– Végétarien ?

Elle plaisantait !

– Je ne le lui ai pas demandé. Ce n'est pas vraiment ce dont on parle lors d'un premier rendez-vous.

– Pourquoi pas ?

– Parce que c'est inutile de l'effrayer en lui expliquant à quel point ma famille est excentrique et, de plus, je ne suis pas végétarienne, donc cela n'a pas d'importance.

Ma mère leva un sourcil, mais laissa tomber ma remarque à propos de l'excentricité de ma famille.

– D'accord. Tu peux sortir avec lui, mais pas vendredi soir et pas jusqu'à ce que je l'aie vu.

– Maman !

– Quoi ?

Elle imita mon râle à la perfection, et cela me rendit dingue… comme toujours.

– C'est tellement pas cool qu'il doive te rencontrer d'abord.

– Je m'en fiche. Et vendredi soir, tu viens au match.

Je croisai les bras.

– Et si je dis non ?

Elle me lança un regard menaçant.

– Veux-tu vraiment que je réponde à cette question ?

Bon. D'accord. Elle avait raison.

– Tu vas ruiner ma vie sociale à tout jamais !

– Il y a six autres soirs dans la semaine. Si ce garçon est intéressé par toi, ce ne devrait pas être difficile d'en trouver un autre.

Facile à dire. Ce n'était pas elle qui avait tout gâché une fois avec Heath.

Mais deux fois ?

Il ne reviendrait jamais.

Ma vie était foutue.

Je regardais fixement les joueurs, souhaitant que la terre s'ouvre sous leurs pieds, les engouffre et les écrase sous des tonnes de gravier.

– Finalement, c'est bien qu'il n'ait pas appelé, car tu n'as pas eu besoin de lui dire que tu ne pouvais pas sortir, dit Frances.

Je n'arrivais pas à croire qu'il n'ait pas appelé.

– Il a dû appeler au moment où nous sommes partis ce soir.

– S'il a attendu aussi longtemps, il ne mérite pas que tu sois encore à la maison, dit Allie.

– Je n'arrive pas à croire que ma mère m'ait fait laisser mon téléphone portable à la maison.

– Oui, mais elle a raison, dit Natalie. Les seules personnes que tu peux appeler sont ta famille et nous sommes tous là.

– Ce n'est pas pour ça qu'elle l'a fait.

J'étais d'une humeur exécrable.

– Tu lui as dit que tu restais près des téléphones au cas où Heath appellerait. Donc, elle savait que je lui avais donné les numéros, donc c'est de ta faute si je ne peux pas sortir avec lui ce soir.

Natalie resta silencieuse un instant. Je sentais son regard sur moi.

– Ne t'en prends pas à moi, Blue. Ce n'est pas de ma faute si Heath n'a pas appelé et ce n'est pas de ma faute si tu ne pouvais pas sortir avec lui ce soir.

– Mais c'est ta faute si je n'ai pas pu apporter mon téléphone ce soir. Heath m'a sûrement laissé six messages depuis. Et maintenant, il pense que je ne l'aime pas.

Je croisais les bras, essayant de lancer des regards empoisonnés au monde qui m'entourait.

– Ce n'est pas ma faute, répéta Natalie.

J'en avais assez de cette discussion.

– Je vais chercher du pop-corn, dis-je. Je reviens.

Je ne proposai à personne de leur rapporter quelque chose.

J'étais vraiment de mauvaise humeur. Pourquoi est-ce que Heath n'avait pas appelé ? Il avait bien dit qu'il le ferait. J'étais restée à la maison tous les soirs de la semaine, interdisant à tous d'utiliser le téléphone, et ce, à aucun prix. Heath n'avait tout simplement pas appelé.

J'avais tout gâché.

La seule solution pour me remonter le moral était de… manger.

Je laissai tomber le pop-corn et me dirigeai vers le marchand de glaces. Un double cornet au chocolat ferait l'affaire. Avec un peu de chance, la glace irait tout droit se loger dans ma poitrine et je me réveillerais le lendemain avec une silhouette de femme.

Oui. Bon plan !

Je me mis dans la queue derrière un couple trop amoureux à mon goût. Mais même mon regard le plus noir ne les dérangea pas, alors je croisai les bras et me mis à étudier la foule pour éviter de les regarder et de penser que, ce soir, j'aurais dû sortir avec l'homme de mes rêves.

Et c'est alors que je le vis… marchant dans ma direction… un bras passé autour des épaules d'une fille.

Mon estomac se révulsa, mes doigts de pied se crispèrent et une boule s'installa dans ma gorge. Il était sorti avec une autre fille. Incroyable. J'étais vraiment trop stupide !

Je me mordis les lèvres pour ne pas pleurer. Je sentais presque le vent dans mes cheveux alors que je regardais la rue du bord de la Corde raide. Est-ce que je le remarquerai lorsque je perdrai ma rate ? Était-ce un organe vital ? Est-ce que les marques seraient permanentes ou allaient-elles s'estomper avec un bon brossage ?

Allie avait sûrement raison : la Corde raide, ce n'était pas pour les filles. Avec tous les conseils que j'avais eus sur le sujet, qu'avais-je donc fait pour me retrouver dans cette situation ?

– Blue ?

Je pivotai brusquement, espérant que c'était Heath qui avait laissé tomber sa nana en me voyant. Mais non, c'était Colin.

Colin !

Oh, mon Dieu ! C'était trop embarrassant. Je ne l'avais pas revu depuis le baiser. Qu'est-ce que j'étais supposée faire ? Comment devais-je agir ? J'avais évité l'étable toute la semaine, et je pensais que j'étais tranquille.

– Blue ! Comment vas-tu ?

Il me rattrapa et se mit à côté de moi comme s'il allait faire la queue avec moi.

Et c'était une très longue queue.

– Heu !... salut !

Je m'écartai, essayant de ne pas le regarder.

– Qu'est-ce qui se passe ?

– Rien.

– Alors, pourquoi est-ce que tu fixes mes baskets ?

– Je ne les fixe pas.

– Alors, tu fixes la gomme à mâcher collée par terre. Je suis flatté que ce soit plus important que de me regarder.

Quel idiot ! Pourquoi était-il si exigeant ? Je levai lentement les yeux et je le regardai vaguement. Il souriait. Impossible d'y résister ! Je me mis à sourire aussi et, soudain, toute la gêne de la situation disparut.

– Salut, Colin. C'est sympa de te voir.

Et j'étais sincère. C'était un garçon qui ne me mettrait pas sur la Corde raide.

– Ça va ? Tu avais l'air un peu triste.

Génial ! Si Colin avait remarqué mon passage sur la Corde raide, Heath n'avait pas dû le manquer non plus.

– Je me suis cogné le doigt de pied et ça m'a fait très mal. Drôlement mal.

Il leva un sourcil.

– Vraiment ?

– Oui.

Je voyais bien qu'il ne me croyait pas et, pendant un instant, ça m'a fait du bien. Avec Colin, je n'avais pas besoin de prétendre que j'étais quelqu'un que je n'étais pas, parce qu'il pouvait dire quand je mentais et parce que je n'essayais pas de l'impressionner. Après tout, il m'avait appris à embrasser. Ça créait des liens !

– Alors…, comment ça va avec Heath ? Était-il impressionné par tes… talents ?

Je me sentis rougir.

– Heu !… je… heu !… n'ai pas…

– Tu ne l'as pas encore embrassé ?

Colin me regardait attentivement.

– Non.

– Pourquoi ?

– Je n'en ai pas eu l'occasion.

– Ha ! Alors ce n'est pas parce que tu l'as repoussé une nouvelle fois ?

Qu'est-ce que ça pouvait lui faire ?

– Je n'ai pas l'intention de dire non.

Colin fit un léger signe de tête; il avait l'air un peu ennuyé.

– Si je peux te donner un conseil, tu devrais prévoir lui dire non à un certain moment sinon tu vas te retrouver dans…

– Dans quoi ?

– Dans une situation que tu ne vas pas aimer.

– Comment sais-tu le genre de situation que je n'aimerais pas ?

Colin me regarda droit dans les yeux.

– Parce que je te connais.

– Oh !

Il avait l'air terriblement sûr de lui et je ne mis pas en doute ses paroles.

– Es-tu venue ici avec Heath ?

Pourquoi est-ce que Colin était obsédé par Heath ?

– Non. Je suis venue avec mes amies et ma famille.

Oh la ! Du calme, Blue. Cela ne me fait-il pas ressembler à une gentille diva sophistiquée ? Non. Cela me faisait ressembler à une perdante qui passait ses vendredis soirs avec sa famille. Une fois de plus, c'était une bonne chose que je ne sois pas en train d'essayer d'impressionner Colin. Il s'arrangeait toujours pour me voir telle que j'étais. Il allait vraiment falloir que je change quelque chose si je voulais attirer les garçons.

– Je crois que tu vas avoir ta chance de le séduire avec tes talents, parce qu'il s'approche de nous.

– Ah oui ?

Je me reteignis de justesse de me retourner. Après tout, il venait de me mettre sur la Corde raide. Il ne méritait pas mon attention. Colin était celui qui était venu vers moi et qui était gentil avec moi. Je tournai définitivement le dos à la direction indiquée par Colin.

– Et alors ? Je parle avec toi.

Colin leva un sourcil, puis plissa les yeux.

– À quoi joues-tu, Blue ?

– Je ne joue pas. Je… bon… on devait sortir ensemble ce soir et il ne m'a pas appelée, alors je suis fâchée contre lui. Je ne veux pas qu'il pense que je…

Pense quoi ? Que j'étais complètement accro à lui et que je ferais n'importe quoi pour être avec lui ?

– Ah !

Colin lança un coup d'œil par-dessus mon épaule, puis me regarda.

– Tu veux de l'aide pour le faire sentir mal de t'avoir posé un lapin ?

De l'aide pour mettre Heath mal à l'aise ?

– D'accord !

Colin hocha la tête, puis passa le bras autour de mes épaules et m'attira contre lui.

– Fais semblant que tu m'aimes bien.

– Mais je t'aime bien.

J'étais parfaitement à l'aise sous son aisselle.

Une expression étrange passa sur son visage.

– Fais semblant de m'aimer de la manière dont tu aimes Heath.

– Oh...

– Mets ton bras autour de moi, murmura-t-il.

– D'accord.

Est-ce que j'étais idiote ou quoi ? Colin devait probablement lever les yeux au ciel de devoir s'occuper de moi. Je glissai timidement le bras derrière son dos et posai la main sur sa taille. Je l'entendis prendre une profonde inspiration. Est-ce qu'on avait l'air intimes ? En fait, je me sentais bien. Je me sentais en sécurité. Comme si je lui appartenais et qu'il me protégerait si quelqu'un essayait de m'approcher.

– Comme ça ?

– Oui.

Il avait la voix un peu étranglée.

– Souris-moi.

Je levai les yeux et vis qu'il me regardait. Ses yeux brillaient d'une étrange lueur douce, comme s'il regardait un chiot ou quelque chose qui le faisait fondre. Je souris.

– Merci, Colin.

Son sourire s'agrandit et je remarquai pour la première fois qu'il avait une petite fossette sur la joue droite.

– Je trouve ça très amusant.

– Moi aussi.

Je réalisai subitement que Colin sentait bon. Son odeur était différente de celle de Heath – un peu plus subtile et moins tapageuse – mais très attirante. Et… il avait aussi du duvet sur les joues.

– Tu te rases ?

Il eut l'air surpris.

– Bien sûr.

– Est-ce que je peux toucher ?

J'eus immédiatement envie de disparaître sous terre. Quelle question stupide !

– Je veux dire… je me suis toujours demandé si c'était dur.

Colin haussa les épaules.

– Vas-y, touche.

– Vraiment ?

– Fais-le.

– Oublie ça.

C'était trop embarrassant. C'était une chose d'admettre que je n'avais jamais embrassé qui que ce soit avant, mais c'en était une autre de dévoiler tous mes secrets.

Colin leva les yeux au ciel, puis attrapa ma main et la mit contre sa joue.

C'était rêche et ça piquait un peu.

– Hum !

Il lâcha mon poignet. Je caressai sa peau du bout des doigts.

– C'est rêche dans une direction et doux dans l'autre.

– Oui.

Il avait encore cette voix étrange.

– C'est chouette.

Je laissai tomber ma main. Je n'étais plus une novice. Je devenais de plus en plus femme.

– Merci.

Colin me regarda.

– De rien.

Je souris.

– Pour un garçon, tu es plutôt sympa.

– Quel est ton vrai nom ?

Je retins ma respiration. Je n'avais encore jamais dit mon vrai nom à qui que ce soit. C'était trop embarrassant. Mais bon... c'était Colin. Il m'avait appris à embrasser et savait que je sortais en famille un vendredi soir. C'était en fait chouette d'avoir quelqu'un, à part mes amies, avec qui je pouvais être moi-même.

– Blueberry.

Il sourit.

– Vraiment ?

– Horrible, n'est-ce pas ?

Colin secoua la tête.

– Je trouve ça superbe.

Sa voix était douce, presque tendre. Il toucha ma joue.

Je retins ma respiration. Son visage avait cet air... celui que Heath avait eu avant d'essayer de m'embrasser. Mon estomac se noua.

Est-ce que Colin allait m'embrasser ? En public ? L'espace d'un instant, je l'espérais ardemment. C'était magique de l'embrasser... Je levai mon visage et...

– Blue !

La voix de Heath fit exploser notre bulle.

– Blue, c'est toi ?

Le visage de Colin s'assombrit. Il regarda par-dessus mon épaule.

– Salut, Heath.

– Bradshaw ! dit Heath. Tu es ici avec Blue ?

Je me retournai pour le voir; Colin retira son bras de mes épaules.

– Salut, Heath.

– Hé !

Heath me regarda droit dans les yeux et me fit l'un de ses sourires qui me faisaient fondre.

– J'ai essayé de t'appeler cette semaine, mais tu as dû me donner un mauvais numéro. Je tombais tout le temps sur une pizzeria.

Colin poussa un petit grognement et croisa les bras. Heath lui lança un regard noir, puis se tourna vers moi.

– Es-tu libre demain soir ?

– Demain ?

Oh, mon Dieu ! Demain ? Pas le temps de paniquer, je devais décider.

– Bien sûr.

Heath sourit.

– Je passe te chercher à sept heures.

– Comment sais-tu où j'habite ?

N'était-il pas supposé m'appeler ou quelque chose comme ça ?

– Tu es dans l'annuaire, n'est-ce pas ?

– Oui, c'est vrai.

Heath hocha la tête.

– À demain, alors.

Puis, il rejeta sa tête vers Colin.

– À plus tard.

Ce dernier grommela quelque chose et Heath partit. Je ne voyais plus la fille avec qui il était.

Hum ! Intéressant.

Il fallait que je raconte ça à mes amies. La soirée la plus horrible de ma vie était subitement devenue un plaisir total.

– À plus.

J'abandonnai ma quête de crème glacée et me préparai à partir, mais Colin mit la main sur mon bras.

– Il ment.

Je le regardai.

– Quoi ?

– Il ne t'a pas appelée. Le coup de la pizzeria..., c'est classique.

Mon euphorie retomba un peu.

– Que veux-tu dire ?

– S'il peut trouver ton adresse dans le bottin, pourquoi ne pouvait-il pas y trouver ton numéro de téléphone ?

Mes épaules s'affaissèrent.

– Pourquoi fais-tu ça ?

– Quoi ?

– Essayer de me casser le moral.

– J'essaie juste de t'empêcher de tomber amoureuse de lui.

– Vraiment ?

Je croisai les bras.

– Et qu'est-ce qui ne va pas avec Heath ?

– Il ment.

– Colin ! J'ai eu mon téléphone portable il y a à peine deux jours et j'ai fort bien pu lui donner un mauvais numéro.

Colin secoua la tête et me lâcha le bras.

– Il n'est pas intéressant, Blue. Demande à Théo.

– Théo dit que c'est un gars bien et qu'il joue au basket.

– Et ça fait de lui un gars bien ?

– En tout cas, ça n'en fait pas un méchant.

Mon estomac commençait à faire une boule. Je n'avais pas l'habitude que Colin soit dur.

– Qu'est-ce que tu as ?

– Moi ? Rien. Est-ce que tu vas sortir avec Heath demain ?

– Bien sûr que je vais sortir avec lui.

Je n'allais pas rater ça. C'était le meilleur moment de ma vie au secondaire.

– Alors, amuse-toi. Et apporte du gaz poivré.

– Pourquoi est-ce que j'aurais besoin de gaz poivré ? J'ai peut-être envie qu'il m'embrasse.

Colin me regarda d'un air ennuyé, puis s'en alla. Sans dire au revoir ! Pourquoi était-il devenu tellement ronchon ? Je sais qu'on dit que les filles sont d'humeur changeante, mais je trouve que les garçons sont bien pires.

Mais Colin n'était pas mon problème. J'avais un rendez-vous avec Heath demain.

Je dansais littéralement en retournant m'asseoir.

CHAPITRE 9

Mon rendez-vous avec Heath était à sept heures et je n'étais pas prête.

J'étais tellement nerveuse que j'aurais oublié de me maquiller si Allie n'avait pas été là. Et mes mains tremblaient tellement que mes cheveux auraient été une horreur sans Natalie et Frances.

Après m'être excusée auprès de Natalie pour l'avoir rembarrée la veille à propos de mon téléphone portable, nous étions redevenues amies. Ce qui était parfait, car j'avais besoin de mes trois amies.

Finalement, je fus prête ! Il restait une minute avant sept heures. Soixante secondes à attendre.

Je m'inspectais devant le miroir. Mes cheveux étaient beaux et disciplinés et ça se voyait même de profil. J'avais mis un jean serré, des bottes noires et un haut moulant qui mettait ma poitrine en valeur et découvrait un peu de peau.

Allie ne pouvait pas porter ce genre de haut, sa poitrine en serait ressortie. Elle m'a dit qu'elle était jalouse de moi pour ça, mais je suis sûre qu'elle l'a dit pour que je me sente bien. Je décidai de la croire, car j'avais besoin de tout le support positif possible.

Un petit coup fut frappé à ma porte et la tête de ma mère apparut.

– C'est ce que tu vas porter ?

– Oui.

Oh, ho ! Elle avait un jean noir ! Probablement parce qu'elle n'était pas vraiment ravie que j'aie mon premier rendez-vous.

– Ça transmet le mauvais message. Mets autre chose. Ce pantalon est trop serré. Trouve autre chose.

– Mais maman, il est en dernière année !

– Raison de plus. Il a besoin de se rappeler que tu as quatorze ans.

– Presque quinze.

Ma mère me lança un regard sévère.

– Tu auras quinze ans dans sept mois.

– Et alors ?

– Change de vêtements !

La sonnette de la porte retentit et mon cœur fit un bond.

– Le voilà. Je dois y aller. Je n'ai pas le temps de me changer.

Ma mère eut un sourire narquois.

– Prends ton temps. Ton père et moi allons lui tenir compagnie jusqu'à ce que tu sois prête. Tu changes de vêtements ou tu ne sors pas de cette maison.

Sur ces mots, elle referma la porte.

C'était une de ces fois où je détestais vraiment mes parents.

J'entendis mon père accueillir Heath, et tous mes espoirs d'une belle soirée s'envolèrent. Après avoir rencontré mes parents, Heath penserait que j'étais bizarre et que ça collait bien avec mon nom.

– Tu ferais mieux de descendre, dit Frances. J'adore tes parents, mais ils ne vont pas vraiment contribuer à ta vie sociale.

– Et si ta mère commence à parler de ses herbes pour la clarté de l'esprit ? dit Natalie. Ou s'ils demandent à sortir avec vous ?

Je la regardai, horrifiée.

– Ils n'oseraient pas !

– Vraiment ?

Oh, mon Dieu !

– Tu as raison. Ils oseraient.

Je courus vers ma penderie et commençai à sortir mes chandails. Trop court. Trop lourd. Trop été.

– J'en ai un !

Pour une fois dans ma vie, les vêtements que je voulais porter étaient propres. Je passai un grand chandail rouge par-dessus ma tête et enfilai les manches à toute vitesse. Parfait. Il avait un col roulé et descendait jusqu'à mi-cuisse.

Je l'avais acheté dans ma phase « pantalon collant » et il servirait tout aussi bien pour un jean serré.

Je revins dans la pièce.

– C'est bon ?

– J'imagine que tu vas l'enlever dès que tu seras dehors ? demanda Allie.

– Absolument.

– Alors c'est parfait. Tu as l'air d'une bonne sœur.

– Je trouve que c'est bien, dit Frances. Garde-le un peu, puis enlève-le si le rendez-vous se déroule bien.

– Garde-le tout le temps, annonça Natalie. J'ai commencé à entendre des trucs à son sujet…

Nous nous retournèrent toutes les trois vers Natalie qui s'arrêta net et devint rouge comme une pivoine.

– Qu'est-ce que tu as entendu ? demandai-je.

– De qui ? ajouta Allie.

– Des garçons de l'équipe de cross-country, dit-elle. Je tâtais juste le terrain.

– Et ?

Je tapais du pied, tout en essayant d'écouter si aucun hurlement de désespoir ne venait du bas.

– Alors ? Est-ce qu'il a trois têtes et met des grenouilles dans ses poches ?

Natalie plissa le front.

– Pourquoi transporterait-il des grenouilles ?

– Natalie ! Qu'est-ce qui ne va pas avec lui ?

Allie s'éclaircit la voix et prit la parole.

– À moins que ce ne soit vraiment important, je pense qu'on devrait laisser Blue sortir et s'amuser.

– Hum !... OK.

Natalie s'assit au bout du lit, les mains sous les cuisses.

J'attendis une bonne minute qu'elle dise quelque chose, mais elle ne dit rien. Par contre, j'entendais mon père en bas imiter le coyote blessé et c'était sûrement plus que ce que Heath pouvait supporter.

Il faut que je descende.

Natalie haussa les épaules.

– Prends ton téléphone.

– Prendre mon téléphone ? Va-t-il me laisser sur le bord de la route ou quoi ?

Elle fit la grimace.

– J'ai juste entendu des trucs…

– Comme quoi ?

– Et bien… qu'il est… heu !…

– Quoi ?

Je ne pus m'empêcher de crier. Elle me rendait dingue.

– Dis-le !

– Apparemment, il est très mal élevé.

– Mal élevé ?

Plaisantait-elle ?

– C'est tout ? Je pensais que tu allais dire qu'il avait assassiné quelqu'un.

– Pas encore.

– Pas encore ? Qu'est-ce que ça signifie ?

J'avais le vertige. Je n'avais pas besoin de ce genre de stress alors que mon père était à quatre pattes dans le salon en train de hurler et que mon futur petit ami se disait que je venais d'une famille de lunatiques.

Allie se leva.

– Oublie-ça, Blue. Sors et profites-en bien.

– En profiter ? Comment suis-je supposée en profiter ? Natalie vient juste d'insinuer que Heath est sur le point de tuer des gens. Je vais passer le reste de la soirée à me demander s'il ne va pas sortir un flingue de ses chaussettes !

Natalie bondit sur ses pieds.

– Blue ! Je suis désolée. Je n'ai pas entendu grand-chose, c'est juste que certains types ont levé les yeux au ciel quand j'ai parlé de lui.

– Ils ont levé les yeux au ciel ? C'est tout ?

J'entendis un hurlement distinct monter du rez-de-chaussée. Mon père imitait maintenant l'appel du loup. Super !

– Oui. Mais ce sont des types biens, alors s'ils lèvent les yeux au ciel… ça veut dire quelque chose.

– C'est tout ce qu'ils ont fait ? Ils ont levé les yeux au ciel ? Ils n'ont rien dit ?

– Hum !… non.

– Non ?

– Non.

– Rien ?

– Non.

Natalie évitait mon regard.

– Alors tu essaies juste de gâcher ma soirée sans raison ?

– Je me fais du souci pour toi !

Frances se mit entre nous.

– Laissez tomber, les filles. Blue, Natalie t'adore et s'inquiète pour toi. C'est tout. Et Natalie, arrête de faire peur à Blue.

Elle mit ensuite ses mains sur mes épaules.

– Tu es belle comme un cœur, et il y a un beau gars de dix-sept ans en bas qui écoute ton père et ta mère imiter des cris d'animaux depuis cinq minutes. Reprends-toi et descends le convaincre que tu as été adoptée.

Je hochai la tête.

– Adoptée. C'est ça. Je peux faire ça. Je n'ai pas fait de cris d'animaux depuis l'âge de six ans.

– Parfait.

Frances ouvrit la porte de ma chambre.

– Vas-y. Et appelle-nous quand tu rentreras, quelle que soit l'heure. Nous dormons toutes chez Allie ce soir.

– Quoi ? Vous allez toutes chez Allie ? Est-ce que ta mère sera là ?

– Oui. Elle a dit qu'elle allait nous aider à identifier nos défauts de silhouette et nous conseiller pour nous habiller et les cacher.

– Mais… je veux y aller.

J'étais petite et j'avais peu de poitrine. J'avais besoin de la mère d'Allie plus qu'elles.

– Tu as un rendez-vous.

– Est-ce que vous pourriez faire ça demain soir ?

– Tu plaisantes ? protesta Allie. C'est sans doute le seul soir du mois où ma mère ne sort pas.

– Vas-y.

Frances me poussa.

– Ne t'en fais pas pour nous.

Ce n'était pas pour elles que je m'inquiétais. J'avais juste envie d'être aux deux endroits en même temps. Je ne manquais jamais une soirée entre filles. Aucune de nous le faisait. Nous étions un quatuor. Et maintenant…. Je ne comptais plus ? Je jetai un coup d'œil sur mes amies. Natalie et Allie parlaient. Natalie avait l'air un peu fâchée et Allie essayait de la calmer. Hé ! C'était moi qui étais fâchée par ce que Natalie avait dit. Pourquoi est-ce que personne n'essayait de me réconforter ?

Frances m'attrapa le bras et me tira hors de la pièce.

– Tu n'entends pas ?

– Entends quoi ?

J'essayais de regarder Allie et Natalie par-dessus mon épaule, mais Frances me tirait.

– Des cris d'oiseaux d'en bas.

Je m'arrêtai pour écouter.

– Oh, mon Dieu !

C'était définitivement un cri de huard.

Frances s'arrêta en haut des escaliers.

– Vas-y. Amuse-toi. Je te promets de poser des questions à la mère d'Allie pour les petites tailles et je prendrai des notes.

– Vrai ? Et pour la poitrine menue ?

Frances sourit.

– Promis. Si tu me racontes ta soirée en détail.

– Promis.

Je l'embrassai rapidement et descendis les escaliers en courant.

Là où Heath attendait.

– Hum !... tes parents sont... très... intéressants.

Heath avait attendu d'être à la pizzeria avant de commenter sur mes parents et j'étais impressionnée qu'il ait tenu aussi longtemps.

– Ils sont uniques, dis-je. Il n'y a pas d'autres manières d'expliquer mon nom.

– Blue, c'est le diminutif de quoi ?

Oh, oh ! Terrain glissant.

– Le match de foot était chouette hier, n'est-ce pas ? dis-je pour changer de sujet.

– Oui.

Heath prit son coca et but une longue gorgée tout en parcourant le restaurant du regard. Puis, ses yeux revinrent sur moi.

– Alors, que se passe-t-il entre toi et Bradshaw ?

– Bradshaw ?

– Colin.

– Ah ! Colin. Pourquoi ?

– Lui as-tu dit que tu venais ici avec moi ce soir ?

– Tu ne m'avais pas dit où nous irions, je ne risquais pas de lui dire où nous allions. Pourquoi ?

Je remarquai alors que Heath regardait par-dessus mes épaules et je me retournai. Comme tous les samedis, le restaurant était plein. C'était le point de ralliement préféré des étudiants. Il y avait des tas de gens que je ne connaissais pas, la plupart étaient des gens plus âgés. Mais comme j'étais avec un gars de dix-sept ans, je me sentais bien.

Puis, je le vis.

Colin était assis à l'autre bout du restaurant et nous regardait, et il avait l'air de très mauvaise humeur. Il était assis en face d'une fille vraiment très très belle.

D'accord.

Je me retournai vers Heath.

– Je ne sais pas pourquoi Colin est ici.

– Hum !

Il se pencha vers moi, sans quitter Colin du regard.

– Tu veux qu'on parte en balade ?

– En balade ?

J'avalai difficilement ma salive.

– Où ça ?

– Je ne sais pas. On pourrait trouver un coin.

– Un coin.

Des sirènes d'alarme éclatèrent dans ma tête et je regrettai d'avoir enlevé mon chandail rouge.

– En fait, j'ai faim. Restons pour une pizza.

Heath haussa les épaules et se recala dans son siège.

– D'accord.

– Alors... heu !... la comédie musicale semble bien aller !

Qu'est-ce que j'en savais ? Je n'avais été qu'à deux répétitions.

– Oui.

Heath pianotait sur la table; il avait l'air de s'ennuyer.

Je n'étais pourtant pas ennuyeuse ! J'avais peut-être quatorze ans, mais j'étais loin d'être ennuyeuse.

– Et si je mettais une pièce dans le juke-box ?

– D'accord.

Il fit glisser deux pièces sur la table; je les attrapai avant qu'elles ne tombent, puis marchai jusqu'au juke-box où je fis semblant de lire les noms des chansons pendant quelques instants. Il fallait que je réfléchisse. Qu'est-ce qui n'allait pas avec Heath ce soir ? Il se comportait comme un mal élevé. Enfin, pas complètement, mais quand même... il agissait comme si cela ne l'intéressait pas de me parler. Pourquoi alors m'avait il demandé de sortir avec lui ? Pour faire une balade et trouver un coin ? Même après notre baiser raté ?

– Pas mal ta tenue !

Je me retournai et vis Colin accoudé à une table derrière moi.

– Qu'est-ce qu'elle a ma tenue ?

– Heath n'aura aucun mal à deviner que tu as envie de l'embrasser ce soir.

Colin était assez proche pour que je perçoive sa lotion après-rasage, et c'était aussi attirant que l'autre soir. Ses cheveux étaient coiffés en arrière et il avait négligemment jeté sa veste en jean sur ses épaules.

– Qui c'est la fille ?

– Quelle fille ?

– Celle avec qui tu es.

La traînée qui nous regarde juste maintenant avec les cheveux trop laqués.

– Une amie.

– Tu as une amie ?

Pourquoi est-ce que mon cœur semblait en plomb subitement ? Qu'est-ce que ça pouvait me faire que Colin ait une amie ?

– Oui.

– Oh !

Il leva un sourcil.

– Ça te pose un problème ?

– Non, dis-je d'un ton sec. Qu'est-ce que ça peut me faire ?

Il haussa les épaules.

– Apparemment, rien.

Il fallait que je l'ignore.

– Est-ce que ça te pose un problème que je sois avec Heath ?

– Tu fais ce que tu veux.

– D'accord.

– D'accord.

Il se mit debout.

– À plus.

Sur ces mots, il pivota et retourna s'asseoir en face de son amie. Et il lui sourit. Mais qu'est-ce que ça pouvait me faire ?

Je lançai rageusement les pièces dans la fente du juke-box et choisis deux chansons au hasard. Elles ne seraient sûrement pas au goût d'un gars de dix-sept ans, mais je m'en fichais. C'était moi qui étais venue jusqu'ici, pas Heath.

En retraversant la salle, je fis attention à ne pas regarder dans la direction de Colin. À notre table, Heath avait de nouveau l'air intéressé.

– T'as un truc avec Bradshaw ?

– Colin. Il s'appelle Colin.

Je m'assis lourdement en face de Heath, essayant de chasser ma mauvaise humeur. Ce n'était pas la faute de Heath si Colin me tracassait.

– Et qu'est-ce que ça peut faire ? ajoutai-je

– Rien ?

Heath se pencha et prit mes mains dans les siennes; cela me donna la chair de poule.

– T'ai-je dis que tu es super *sexy* ce soir ?

– Hum !... non !

– Eh bien, tu l'es.

Il caressa le dos de ma main avec son pouce; je me sentis rougir. Heath me regardait intensément, comme si j'étais la chose la plus importante au monde. J'oubliai Colin.

Lorsque la pizza arriva, j'étais complètement à sa merci.

Pendant tout le dîner, Heath continua à me distraire, me racontant des histoires sur d'autres comédies musicales, sur des choses drôles qui lui étaient arrivées. Il parla des matchs de basket de l'an dernier et du fait qu'il avait joué le panier gagnant. D'après ce qu'il disait, il avait l'air vraiment cool et je me sentis encore mieux d'être avec lui. Ça faisait deux fois que Heath s'affichait avec moi en public et les gens allaient commencer à le remarquer.

Je commençai à rêver de ce que ce serait d'être la petite amie de Heath. Et s'il m'invitait à la fête des anciens élèves ? Et s'il était élu le roi de la fête et que j'étais sa petite amie ? Ce serait la chose la plus géniale du monde.

– Tu es prête ?

Heath toucha mon bras et je revins sur terre.

– Quoi ?

– J'ai payé. On y va ?

– On va où ?

Il sourit.

– En balade.

En balade. Ho, oh !

Juste à ce moment-là, Colin passa près de notre table. Son amie était accrochée à son bras et il lui racontait quelque chose. Il n'avait pas l'air de s'ennuyer et elle semblait prête à tomber à ses pieds pour l'aduler. Allait-il l'embrasser en la quittant ce soir ?

Colin me fit un signe de tête.

– À plus tard, Blue.

Je répondis quelque chose, mais je suis sûre que ce n'était pas cohérent. Il leva juste un sourcil et passa son chemin.

Avec la fille.

Heath toucha ma main.

– Blue ?

– Quoi ?

Colin lui tenait même la porte ouverte. Comme si cette fille pouvait apprécier ça. Je décidai que je la détestais, tout comme je détestais la fille qui avait eu le rôle de l'amoureuse de Heath dans la pièce. Laquelle est-ce que je détestais le plus ? Hummm !...

– Allons-y.

Heath se leva et me tendit la main. À moi.

Heath voulait me tenir la main. Oh, ouah ! Je n'ai qu'à oublier Colin. Heath veut me tenir la main.

Je lui fis mon sourire le plus sensuel et mis ma main dans la sienne. Il referma les doigts et me tira vers lui. Dès que je fus debout, il passa le bras autour de mes épaules et se mit à marcher vers la porte.

Je fondais de plaisir et c'était incroyable que mes jambes me soutiennent encore. Heath salua plusieurs personnes dont deux que je connaissais. Elles me sourirent.

J'étais dans leur clan.

J'étais l'amie de Heath.

Nous arrivions au stationnement quand mon téléphone se mit à sonner. Heath enleva son bras de mes épaules et ouvrit sa portière. Je sortis mon téléphone de mon sac tout en faisant le tour de la voiture et vis que c'était ma mère. Qu'est-ce qu'elle voulait encore ? Je décrochai et me mis à parler tout bas; je n'avais pas envie que Heath nous entende.

– Maman ! Pourquoi est-ce que tu m'appelles ?

– Juste pour voir. Comment était le dîner ?

– Très bien. On vient juste de finir.

Heath ouvrit la portière de l'intérieur et la tint ouverte pour moi. Adieu ma vie privée ! Je lui souris et m'installai sur le siège.

– Alors, qu'est-ce que vous faites maintenant ?

– Heu !... un film. On va au cinéma.

Heath leva un sourcil.

– Super. Nous aussi. On vous verra peut-être dans le hall alors... Salut.

Ma mère raccrocha et je me sentis couler. Je savais qu'ils allaient attendre dans le hall jusqu'à notre arrivée, juste pour être sûrs que Heath ne faisait pas ce qu'il avait en fait l'intention de faire. Je fis la grimace.

– C'était ma mère.

– J'avais compris.

Il démarra.

– Tu lui as dit que nous allions au cinéma ?

– Heu !... oui ! Et... ils y vont aussi. Ma mère va... Heu !...

C'était embarrassant. Est-ce que j'avais l'air d'avoir plus de quatorze ans ?...

– J'ai l'impression qu'elle va traîner dans le hall jusqu'à ce que nous arrivions. Juste pour être sûre que nous venions vraiment.

Heath haussa les épaules.

– Les parents sont parfois lourds.

– Tu l'as dit.

Il n'avait pas l'air trop fâché.

– D'accord. On va au cinéma. On pourra s'amuser là-bas aussi.

Il me lança une sorte de sourire malicieux et mit la main sur mon genou. Ou plutôt sur ma cuisse. Et il l'y laissa tout le long du chemin.

Comme prévu, mes parents étaient là et Marissa aussi. Ils me firent de grands sourires et Marissa accourut m'embrasser. Heath avait l'air très embarrassé d'être vu en public avec une fille de huit ans et il me tira rapidement dans la salle. Heureusement, ils allaient voir un autre film.

Heath s'installa dans le coin le plus reculé du dernier rang et mit un bras sur le dossier de ma chaise et une main sur ma jambe.

Et les lumières s'éteignirent.

Les bandes-annonces n'étaient pas terminées quand je sentis le bras de Heath encercler mes épaules. Il m'attira vers lui.

Il allait m'embrasser.

Subitement, sans savoir pourquoi, je n'en avais plus envie.

C'était peut-être la pizza ?

Je me rappelai de ce que Colin m'avait dit. Ferme les yeux. Mets les mains sur sa poitrine ou autour de son cou. Avec sa voix dans la tête, j'essayai de faire ce qu'il m'avait appris, et levai mon visage vers Heath.

Ses lèvres touchèrent les miennes.

Mais ce n'était ni doux ni merveilleux comme avec Colin. C'était baveux et ennuyeux. Il commença à utiliser sa langue tout de suite tandis que sa main remontait le long de ma cuisse. Il n'avait pas la finesse de Colin et je n'étais pas excitée du tout. J'étais plutôt dégoûtée.

Et le dégoût ne partait pas.

J'essayai de me dégager, mais Heath ne me lâchait pas. Je le repoussai plus fort.

– Laisse-moi.

– Quoi ?

Il regarda autour de lui.

– Mais personne ne nous regarde.

– Je m'en fiche.

J'enlevai sa main de ma jambe.

– J'ai envie de maïs soufflé. Je reviens dans une minute.

Il me donna une tape sur les fesses au moment où je l'enjambais et je fis un effort surhumain pour ne pas lui envoyer mon coude dans la gorge.

Une fois dans le hall, je vis qu'il ne m'avait pas suivie. Quelque chose ne tournait pas rond. Pas rond du tout. Heath était supposé être génial ! Je l'adorais ! Alors pourquoi ses baisers me rendaient-ils malade ? La semaine dernière encore, à la fête, ses mains me donnaient des frissons.

Et ce soir ?

C'était comme s'il me dégoûtait.

Qu'est-ce qui n'allait pas avec moi ?

C'était sûrement la faute de Natalie qui m'avait mis ses idées dans la tête. Elle avait bousillé ma soirée.

Je m'assis sur un banc, m'appuyai contre le mur et fermai les yeux. Que faire ? Je n'avais aucune envie de retourner dans la salle et de le voir. Et s'il essayait de m'embrasser encore ? La sœur d'Allie nous avait appris des gestes d'autodéfense, mais cela ne fera pas de bien à ma réputation de mettre Heath K.O... si je le pouvais.

Devais-je faire semblant d'être malade ? Demander à rentrer à la maison en vitesse ?

Cela ferait deux rendez-vous de suite que je le fuyais ? Notre relation n'y survivrait pas, ma réputation serait en miettes et Heath dirait à tous ses amis que j'étais une fille de quatorze ans psychotique avec des parents un peu dingues. Ma carrière à l'école serait ruinée d'entrée de jeu.

J'avais besoin d'un plan de secours.

Il n'y avait qu'une chose à faire : appeler des renforts.

J'attrapai mon téléphone portable et composai le numéro d'Allie, en espérant qu'elle ne serait pas trop plongée dans les conseils de sa mère et pourrait m'aider.

Frances répondit à la seconde sonnerie.

– Résidence Morrison.

– Frances !

– Blue ? Qu'est-ce que tu fais ? Il est à peine neuf heures.

– J'ai besoin de votre aide. Tout de suite.

CHAPITRE 10

Je jetai un coup d'œil vers la porte de la salle, mais Heath regardait apparemment le film.

– Il faut que vous veniez au cinéma tout de suite.

– Tu plaisantes ? Qu'est-ce qui se passe ?

Son inquiétude me fit presque éclater en sanglots.

– Je vais bien. C'est juste que… heu !… Heath a encore essayé de m'embrasser et…

– Et ?

– Je n'en ai pas envie.

– Pourquoi ?

– Je ne peux pas t'expliquer maintenant. Venez juste au cinéma. Nous sommes dans la première salle à droite, au dernier rang, dans le coin gauche. Venez nous y retrouver et asseyez-vous avec nous. Puis, rentrez à la maison avec nous. Soyez vraiment importunes même si je vous répète constamment de partir.

Subitement, une vague de panique me submergea.

– Est-ce que la mère d'Allie est là ? Est-ce qu'elle peut vous conduire ? Il faut que vous veniez tout de suite !

– Tiens bon.

J'entendis Frances parler aux autres, et je croisais les doigts pour qu'elles me pardonnent d'avoir été aussi bête auparavant. Je ne pouvais pas laisser Heath là et rentrer à la maison avec mes parents. Ce serait trop humiliant et je n'avais pas les reins assez solides pour en affronter les conséquences.

– Blue ?

C'était Allie.

– Ça va ?

– Oui, ça va.

– Arrête de paniquer.

– D'accord.

Je pris une profonde inspiration.

– Vous venez ?

– Oui, mais on n'y sera pas avant un quart d'heure.

– Un quart d'heure ! Mais il ne me faut pas si longtemps pour aller chercher du maïs soufflé ! Je dois retourner dans la salle ! Qu'est-ce que je dois faire ?

– Blue ! Calme-toi !

J'agitai mes mains et pris une profonde inspiration. Je devais me contrôler.

– D'accord. Qu'est-ce que je fais ?

– C'est le moment de la Corde raide.

– La Corde raide ? Tu plaisantes ? Je n'ai pas le temps…

– Écoute-moi !

Je serrai les lèvres.

– Si Heath essaie de t'embrasser, rejette-le. Balance-lui de *l'attitude*. Allume-le, mais ne le laisse pas te toucher. Ça va le mettre tout droit sur la Corde raide.

– Mais je n'ai jamais mis qui que ce soit sur la Corde raide.

– Tu t'en sortiras très bien. Tu dois juste tenir bon jusqu'à ce qu'on arrive.

– L'attitude…

Comment pouvais-je prendre *l'attitude* ? Ce n'était pas dans ma nature.

– Tu peux le faire, Blue. Il est fier et arrogant. Les filles tombent à ses pieds. As-tu vraiment envie de faire partie de son tableau de chasse ?

– Son tableau de chasse ? De quoi parles-tu ?

– Natalie nous a finalement avoué que Heath a une mauvaise réputation. Alors, il mérite de passer un peu de temps sur la Corde raide. On sera là dans un quart d'heure.

Puis, elle raccrocha.

Ça ne sentait pas bon. Pas bon du tout. Je ne me sentais pas capable de faire ça. Mais, d'un autre côté, je ne pouvais pas non plus rester assise ici pendant vingt minutes. Je me levai lourdement et me dirigeai aussi lentement que possible vers le stand à maïs soufflé. Il n'y avait pas de queue. Pas de chance !

Quand je revins dans la salle, Heath me fit un grand sourire. Berk ! Je m'assis à côté de lui et mis l'énorme sac de maïs soufflé entre nous. Il comprendrait peut-être.

– Mets ça sur tes genoux, dit-il.

Sur mes genoux ? Plaisantait-il ?

Apparemment non, car le maïs soufflé se retrouva en moins de deux secondes sur mon jean… avec l'aide de Heath, ce qui lui donna une parfaite excuse pour se pencher vers moi.

Il allait m'embrasser ! Déjà !

Pas question. Je plantai mes mains contre sa poitrine.

– Arrête

– Pourquoi ?

– Parce que je ne veux pas t'embrasser.

Je n'avais cure de « l'attitude » et de la Corde raide. Je voulais juste qu'il me fiche la paix.

– Pourquoi ?

Il joua avec une boucle de mes cheveux.

– Tu fais la difficile ?

– Non.

Je remis le maïs soufflé entre nous.

– J'ai juste envie de regarder le film.

Il enleva à nouveau le maïs soufflé.

– Je n'ai pas envie de regarder le film.

C'était la goutte de trop et je me tournai vers lui.

– Écoute, Heath. Je t'aime bien, mais franchement, je n'aime pas t'embrasser.

– Quoi ?

L'expression de son visage était presque comique.

– Tu embrasses mal.

– Tu… quoi… je…

Le cool et chic Heath était sans voix. C'était amusant.

– Et je n'aime pas ta main sur ma jambe. Ça me fiche la trouille.

– La trouille ?

Il se redressa et retrouva sa contenance habituelle.

– Tu es juste trop jeune. Tu n'aimerais embrasser personne.

– Tu as tort.

– Qui ?

– Colin.

Et voilà. C'était dit.

– J'aime embrasser Colin.

– Je savais qu'il y avait quelque chose entre vous deux.

Je le regardai avec un sourire vague et supérieur et je m'enfonçai dans mon siège. Alors…, c'était ça avoir « l'attitude » ? Je lançai un coup d'œil à Heath. Il avait l'air abasourdi. J'avais l'impression que c'était la première fois que quelqu'un lui disait qu'il embrassait mal. Heath était sur la Corde raide.

C'était amusant. Finalement, c'était une bonne soirée. Quand mes amies arrivèrent, je n'avais plus besoin d'elles. J'avais les choses en main. Je m'excusai auprès de Heath et nous rentrâmes avec mes parents. C'était brillant.

– Alors, tu lui as dit que tu aimais embrasser Colin ? demanda Allie.

C'était dimanche soir et notre première occasion de nous retrouver. Ma mère ne m'avait pas laissée aller chez Allie le samedi soir avec les autres, et Natalie avait eu une réunion de cross-country toute la journée du dimanche. Elles m'avaient demandé de ne rien dire tant que nous ne serions pas toutes les quatre.

J'avais fait mes devoirs à l'avance pour être tranquille.

– Oui. Je lui ai dit que j'aimais embrasser Colin.

– Et… tu aimes ?

Je m'étais posé la même question mille fois depuis la veille, sans avoir réussi à y répondre.

– C'est mieux qu'embrasser Heath.

– Mais est-ce que tu aimes ça ?

– Comment le saurais-je ?

Je me renversai sur mon lit et fixai le plafond.

– Je n'ai embrassé que deux garçons. Peut-être que je préfère avec Colin parce que c'était mon premier vrai baiser.

– Ou parce que tu aimes bien Colin.

Ce n'était pas la réponse que j'attendais.

– Impossible.

– Pourquoi ?

– Parce que.

Parce que Colin ne m'aimait pas. Parce qu'il était à la pizzeria avec une autre fille et qu'il lui avait souri. Et tenu la porte. Je mis un oreiller sur mon visage et je poussai un cri.

J'entendis un léger coup à la porte et vis la tête de ma mère apparaître.

– Est-ce que tout va bien ?

Allie répondit.

– Blue vient juste de réaliser qu'elle aime bien un garçon et qu'elle ne sait pas bien l'aimer.

– Heath ? demanda ma mère.

– Non.

Oh, mon Dieu ! Ma mère connaissait la mère de Colin ! Je mourrais d'embarras si elle l'apprenait.

– Qui ?

Je me redressai à toute vitesse.

– Quelqu'un d'autre dans la comédie.

Ma mère me lança un regard qui indiquait qu'elle savait que je mentais.

– Qui ?

– Heu !... il est... dans la chorale ?

– Tu me le demandes ou tu me le dis ?

Parfois, les parents sont horribles.

– Je te le dis. Il est dans la chorale.

– Super. Tu pourras nous le montrer lors du spectacle.

Elle jeta un coup d'œil dans la pièce.

– L'une de vous veut-elle essayer mon nouveau dessert ? Il est au chocolat.

Toutes acquiescèrent sans conviction. Elles étaient mes amies et elles avaient déjà goûté à ses desserts. Ma mère avait un don incroyable pour donner un goût de semelle au chocolat.

– Super. Je vous en apporte.

Elle partit en laissant la porte ouverte… sans doute pour en entendre plus à son retour.

Allie était assise à califourchon sur ma chaise de travail.

– Alors, qu'est-ce que tu vas faire avec Colin ?

– Rien. Il a une amie.

– Ah oui ?

– Je l'ai vu avec elle.

Et je la détestais. Hé ! Au moins, je ne détestais plus l'amoureuse de Vladimir. Elle pouvait l'avoir. C'était un poids en moins. Finalement, c'était fatigant de détester deux filles que je ne connaissais même pas.

– Alors, tu l'aimes ?

Allie me fixait intensément. En fait, elles me fixaient toutes les trois.

– Est-ce que vous n'avez pas d'autres vies sociales à vous occuper ?

Elles se regardèrent brièvement et haussèrent les épaules quasiment en même temps.

– Tu es la seule à avoir une vie sociale en ce moment, dit Frances.

– Super !

– Alors, qu'est-ce que tu vas faire avec Colin ?

– Rien.

Et je le pensais. Il avait une amie. Et il connaissait tous mes secrets. Je devais l'oublier.

Ce lundi après-midi, en rentrant du lycée, je vis le camion de Colin garé dans notre allée. Il était dans l'étable. C'était drôle. Je n'avais jamais remarqué son camion avant. Et si on m'avait demandé comment il venait chez nous, j'aurais répondu qu'il apparaissait magiquement. J'avais été tellement obsédée par tout ce qui entourait Heath que je n'avais jamais remarqué le moyen de transport de Colin.

Je jetai un coup d'œil vers l'étable – elle semblait silencieuse – puis, je m'approchai du camion. On pouvait lire « Bradshaw Landscaping » sur la porte. Est-ce le travail de son père ?

Je regardai à l'intérieur; c'était impeccable. Étonnant pour un garcon !

Je changeai mon sac à dos d'épaule en me demandant si je devais aller à l'étable. Devais-je feindre la surprise de l'y trouver ou devais-je simplement aller lui dire « bonjour » comme si nous étions amis ?

Mais nous n'étions pas amis.

Enfin, si. Nous l'étions ou, du moins, nous l'avions été.

Alors pourquoi me sentais-je bizarre à l'idée de le voir ?

Allez, courage. Il fallait que je sache. J'avais peut-être été si importunée par Heath que n'importe qui me semblait bien en comparaison. Et il suffisait que je parle avec Colin pour en avoir le cœur net, et ensuite je le chasserai de ma vie.

C'était tout.

Pas de quoi paniquer.

Je pris une profonde inspiration et marchai vers l'étable.

Puis, je m'arrêtai.

Qu'étais-je supposée lui dire ?

Désolée de m'être comportée stupidement samedi soir ? Ou j'ai laissé tomber Heath parce que je t'aime bien ? Ou sachant que je suis une imbécile totale et tout et tout, j'espère que tu m'aimes bien quand même ?

C'était stupide.

Je ne pouvais pas faire ça.

Pas question.

J'entendis du bruit de l'intérieur et je sursautai. Colin était juste de l'autre côté de la porte. Il suffisait que je l'ouvre.

C'est alors que j'entendis une voix féminine. Et ce n'était pas celle d'une de mes amies. Ni de Marissa. Ni de ma mère.

Et j'entendis Colin rire. Rire ? De quelque chose que la fille avait dit ? Dans mon étable ?

Impossible.

J'entrouvris légèrement la porte, juste assez pour un œil, juste assez pour voir Colin... et la fille de samedi dernier. Il lui apprenait à balayer et il lui touchait le bras. Dans mon étable !

J'avais la nausée. Je ne m'étais jamais sentie aussi mal de ma vie.

Colin avec une autre fille.

Mon Colin.

Avec une autre fille.

Je glissai sur le sol. J'avais tout gâché.

Dommage qu'il ait fallu que je voie Colin avec une autre fille pour réaliser que je l'aimais.

Oui. Dommage pour moi.

Ma vie était un égout.

Lorsque j'arrivai à la répétition le mardi soir suivant, j'étais tellement déprimée que mes amies durent me traîner jusqu'à l'auditorium. Pourquoi aller aux répétitions ? Heath avait été la raison de mon envie du moment et je me sentais maintenant comme une idiote. Même si c'était moi qui l'avais mis sur la Corde raide et non l'inverse, j'avais l'impression que les garçons avaient l'art et la manière de s'en sortir rapidement.

Je m'affalai au premier rang, attendant la fin de la chanson en cours pour débiter mon texte. Mais qu'est-ce qui m'avait pris de vouloir jouer dans une comédie musicale ? Il n'y avait rien de mieux pour que je me sente nulle et déplacée que d'être assise à une répétition pour regarder la troupe répéter la scène d'ouverture sans moi, parce que je ne savais pas chanter.

Au centre, Heath et son amoureuse se tenaient la main en se regardant droit dans les yeux, comme en transe.

Oh, oh !

Les filles n'avaient-elles rien de mieux à faire que de regarder Heath ? Je croisai les bras, je m'enfonçai dans mon siège et je les regardai danser.

Rire.

Sourire.

Chanter.

Et j'étais là, seule, assise au premier rang, parce que j'étais nulle en musique. Heath m'évitait et ils devaient tous se demander ce que j'avais bien pu faire pour ça et penser que j'étais une perdante.

J'avais envie de me lever et de leur crier que c'était moi qui avais rembarré Heath..., mais ils ne m'entendraient pas, ils chantaient si fort.

Je broyai du noir pendant deux heures pour qu'on me dise finalement qu'on n'avait plus le temps de répéter ma scène et que je devais revenir le lendemain.

L'idée de jouer dans cette comédie musicale était décidément la plus stupide que j'aie jamais eue.

– Je laisse tomber la pièce, annonçai-je au dîner ce soir-là. Vous pouvez renvoyer Colin. Je recommence à m'occuper de l'étable à partir de demain.

C'était la solution parfaite. Cela me sortirait des ces odieuses répétitions et sortirait Colin de ma vie. Il devrait trouver un autre endroit pour ricaner avec son amie.

– Non.

Ma mère ne me regardait même pas. Elle mettait de la purée de légumes dans l'assiette de Marissa.

– Qu'est-ce que tu veux dire par non ?

– Tu ne laisses pas tomber.

Elle prit mon assiette et y déposa une masse qui ressemblait plus à du vomi de chien qu'autre chose.

– Les Waller n'abandonnent pas.

– Vous ai-je déjà dit que je préférerais nettement si vous ne me considériez pas comme une Waller ?

Comment pouvais-je manger ça ?

– On n'a pas de poulet ?

– Tu as pris ce rôle dans cette comédie musicale à la place de quelqu'un d'autre. Tu as le devoir d'aller jusqu'au bout, dit ma mère.

– Oui. Mais si je quitte maintenant, cette pauvre âme pourra avoir mon rôle et tout le monde sera content.

Mon père posa sa fourchette, ce qui n'était pas bon signe. Il ne s'impliquait jamais dans ces sortes de discussions. Elles étaient trop conflictuelles pour lui.

– Je suis d'accord avec ta mère.

J'étais fichue.

– Le fait que tu n'aimes plus ce garçon n'est pas une raison suffisante pour laisser tomber.

– Papa !

Je ne voulais pas discuter de Heath avec mon père ! Et s'il me demandait ce qui s'était passé au cinéma ?

– Et qu'est-ce qui s'est donc passé avec lui ?

– Elle a dit qu'il était trop baveux, intervint Marissa.

– Marissa !

Oh, mon Dieu ! J'allais mourir de honte.

Ma mère avait du mal à se retenir de rire et mon père eut une subite quinte de toux. Génial ! Ils trouvaient ça drôle. Une nouvelle descente dans ma vie sociale. Mes parents riaient de ma vie sociale. Mon nom allait sûrement être inscrit dans le livre des records de la Plus Grande Perdante.

Pourquoi est-ce que mes parents ne pouvaient pas être normaux ? Pourquoi ne pouvaient-ils pas être choqués en entendant que j'avais dit qu'un garçon était baveux ? Je n'avais même pas la chance que le commentaire de Marissa les inquiète. Est-ce que quoi que ce soit les choquait d'ailleurs ? Probablement pas. Ils étaient trop branchés sur les maux de la société pour être surpris par l'un d'eux. Ils lutteraient becs et ongles pour leur faire obstacle en faisant des dîners familiaux et en me faisant porter des chandails trop grands, mais rien ne les surprendrait.

En y réfléchissant bien, ils étaient sûrement ravis que la raison pour laquelle je n'aimais pas Heath était sa manière d'embrasser. Ils s'imaginaient probablement que ça m'avait tellement dégoûtée que je n'embrasserais pas un autre garçon avant mes cinquante ans.

Et ils avaient sûrement raison.

J'étais une paria.

– Et nous n'allons pas renvoyer Colin. Nous lui avons promis un revenu pour trois mois, et il n'est pas question de le lui enlever.

De mieux en mieux. J'étais coincée dans la comédie musicale et Colin allait hanter mon étable pendant encore deux mois.

Si j'avais gardé Heath et ses baisers baveux, au moins je n'aurais pas été seule.

CHAPITRE 11

Ce n'est que deux semaines plus tard que je rentrai assez tôt à la maison pour voir le camion de Colin dans l'allée. Généralement, je restais à l'école pour faire mes devoirs les jours où je ne répétais pas. Pas la peine d'être à la maison et de penser à Colin dans mon étable avec cette fille.

Allie m'accompagnait et elle me bouscula lorsque je m'arrêtai pour l'observer.

– C'est le camion de Colin, dit-elle.

– Je sais.

– Tu devrais peut-être aller lui dire « bonjour ».

– Tu te souviens de ce qui s'est passé la dernière fois ?

J'avais raconté à mes amies au sujet de la fille dans l'étable.

– Non, merci.

– Je vais voir si elle est là.

Avant que j'aie pu l'arrêter, Allie lâcha son sac et courut vers l'étable. Elle ouvrit la porte et passa la tête à l'intérieur. Ce n'était pas très discret.

Mon cœur battait la chamade lorsqu'elle revint vers moi.

– Il est seul.

– Tu es sûre ?

– Oui.

Elle ramassa son sac.

– Va juste lui dire « bonjour ». Ça fait un temps fou que tu ne l'as pas vu. Je t'attends à l'intérieur.

Elle me laissa sans même mentionner « la Corde raide » ou « l'attitude ». J'avais les nerfs à vif.

Je n'avais pas envie d'y aller, mais en même temps, je mourais d'envie de voir Colin. Il me manquait. Avais-je peur d'y aller ou étais-je plutôt désespérée de le voir ?

Plus je pensais à lui, plus j'avais envie de le voir. Et s'il avait laissé tomber cette fille et était venu pour me déclarer son amour ? Je devais lui donner cette opportunité.

Mais c'était peut-être trop espérer.

Je devais y aller en amie. Décontractée. Je devais éliminer la tension qui s'était créée entre nous à la pizzeria. Juste essayer de reconstruire notre amitié.

Je pris une profonde inspiration.

Courage. Je pouvais faire ça. Une simple petite visite. Pour voir. En tant qu'amie.

Je me traînai jusqu'à l'étable et m'arrêtai à la porte pour écouter. Silence. Pas la moindre voix féminine. Juste le bruit de la fourche contre le métal de la brouette.

J'entrai… et ne le vis pas.

– Colin ?

Un bruit sourd et un juron sortirent de la première stalle sur la gauche. La brouette était près de la porte. J'aurais dû la remarquer.

Je m'approchai et regardai à l'intérieur. Colin nettoyait la stalle, le dos tourné.

– Salut, Colin.

– Salut, dit-il sans se retourner.

– Comment ça va ?

– Bien.

Il ne se retournait toujours pas.

– Alors…, comment va la vie ?

– Bien ?

Il posa un tas de fumier dans la brouette et leva les yeux sur moi.

– Qu'est-ce que tu veux ?

– Je…

Bon, ça ne marchait pas. Je ne pouvais pas m'empêcher de le trouver mignon avec ses bottes et son jean délavé et j'avais une furieuse envie de m'approcher de lui, de le renifler et…

de l'embrasser. Mais il ne semblait pas sur la même longueur d'onde.

– Tu sais… hum !… l'autre soir à la pizzeria…

– Quoi ?

– C'était ton amie la fille avec qui tu étais ?

Il s'appuya contre la fourche.

– C'est une fille avec qui je sors. Pourquoi ?

– Hum !… tu veux dire, sérieusement ?

La soirée pizzeria datait de deux semaines, et il la voyait encore. C'était donc sérieux.

– Je l'emmène à la fête de fin d'année.

C'était décidé. Je la détestais à fond.

– Comment va Heath ? dit-il.

Un idiot baveux.

– Il est…

– Il est quoi ?

– Il est…

Comment admettre que Heath était un mal élevé sans admettre que j'avais été une idiote complète ? Et avais-je envie de confesser que j'étais seule alors que Colin venait de me dire qu'il avait une petite amie ?

– Heath est super. Vraiment fabuleux.

– Oh ! Vraiment ?

Il me lança un regard bizarre.

– Et comment vont les baisers ?

– Heu !... il n'a pas vu que j'étais une débutante.

Ce qui était parfaitement vrai. Bien sûr, c'était parce que je ne l'avais pas laissé m'approcher, mais Colin n'avait pas besoin de le savoir. J'avais ma fierté après tout. Surtout après ses remarques sur le fait que Heath avait les mains baladeuses. Je ne sentais pas l'urgence de dire à Colin qu'il avait eu raison.

– Bon... alors, à plus.

Colin haussa les épaules.

– À plus.

– Heu !... OK.

Je tournai les talons, mais Colin m'appela avant que je ne franchisse la porte. Je pivotai, le cœur battant.

– Quoi ?

– C'est quand la comédie musicale ?

– Dans un mois, vendredi.

Pourquoi ? Allait-il venir me voir jouer ?

– Alors, je travaille jusqu'à ce week-end-là ?

– Oui.

– Super. Salut.

Puis, il se retourna.

Je sortis parce que je ne savais pas quoi faire d'autre.

En fait, je n'arrêtais pas de penser que j'étais vraiment sur la Corde raide, suspendue par les ongles. Et qu'il y avait beaucoup de vent. Et beaucoup de circulation. Et peu de rate.

Être sur la Corde raide me puait au nez.

Il fallait que je m'en sorte.

Maintenant.

Mais comment ?

– Tu as besoin de trouver un autre homme, dit Allie.

– Tu dois dire à Colin ce que tu ressens, poursuivit Natalie.

Frances n'était pas du même avis.

– Ne les écoute pas, dit-elle. Oublie les garçons et lis un bon bouquin. Ou étudie. Quand tu auras vingt-cinq ans et que tu gagneras plein de sous, les hommes tomberont à tes pieds parce que tu seras une femme d'affaires compétente. Ils ne se préoccuperont pas de savoir le nombre de garçons que tu as embrassés à l'école.

– Merci pour vos merveilleux conseils, les filles. Ça m'aide vraiment, dis-je un peu sarcastique.

Allie posa sa glace.

– Écoute, Blue. On se fait du souci pour toi. Ça fait presque un mois depuis que tu as parlé à Colin et tu es toujours aussi mélancolique.

– Désolée.

Je triturais ma glace en me demandant ce que Colin faisait.

– Vous allez à la fête de fin d'année ? demanda Allie.

Et vlan ! Tourne le couteau dans la plaie.

– Je pense que nous devrions toutes y aller, dit Natalie.

– Nous pouvons ? demanda Allie. Même si nous ne sommes pas dans ton école ?

– Vous pourriez être nos compagnons, dit Natalie. Pas vrai, Blue ?

– Je n'y vais pas.

Comment pourrais-je y aller et regarder Colin avec cette fille? Impossible. Et maintenant Heath sortait avec l'amoureuse de Vladimir. Ce qui était une bonne chose, car la manière dont ils se comportaient entre les scènes me dégoûtait un peu. Nous étions à trois jours du spectacle et j'assistais maintenant à toutes les répétitions pour rabâcher mes cinq minutes de scène.

Heureusement, mes amies étaient là ce soir pour me tenir compagnie. En fait, Frances semblait là pour ça, tandis qu'Allie et Natalie regardaient plutôt les garçons et m'utilisaient comme prétexte.

Je m'en fichais. Elles pouvaient avoir tous les garçons. J'en avais assez d'eux.

Frances me poussa le bras.

– Dis..., est-ce que Théo a une petite amie pour la fête de fin d'année?

– Théo?

Elle hocha la tête en rougissant un peu.

– Je veux dire..., non pas que ça m'intéresse..., mais je me demandais si toute l'équipe de foot sortait ensemble ou si les joueurs avaient chacun des amies, parce que... heu!... j'aime bien le quart-arrière.

– Tu aimes bien le quart-arrière?

Théo jouait receveur et j'avais l'impression que Frances mentait. Il fallait vraiment que je prenne le temps d'en parler avec Allie et Natalie.

– Tu as le béguin pour Théo ?

Ses joues devinrent rouge vif.

– Non ! Tu sais, je n'ai pas le temps de m'occuper des garçons. D'ailleurs, il faut que je travaille.

Sur ce, elle sortit son bouquin d'algèbre, l'ouvrit et y plongea le nez.

J'avais deux choix : ravaler ma propre misère ou m'en sortir et essayer d'aider mon amie. Ce qui signifiait « essayer de la faire changer d'avis, parce que Théo n'était pas assez bien pour elle ».

Mais avant que j'aie le temps de trouver une idée, M. Howland m'appelait sur scène.

Zut !

C'était la partie la plus embarrassante de ma vie. Je m'étais dit que tout allait mal le jour où je m'étais assise seule dans la salle pour regarder la troupe répéter ? Et bien, maintenant c'était pire. Depuis trois jours, M. Howland avait décidé de m'humilier un peu plus et de me faire sentir encore plus stupide.

Je devais monter sur scène pour jouer le final avec tous les autres, mais je devais rester au dernier rang, là où personne ne pouvait me voir, et je devais faire semblant de chanter. Faire semblant ! Avec un orchestre et vingt-cinq chanteurs, étais-je donc si mauvaise pour devoir faire du *lip-sync* ?

Cétait indubitablement une punition rare et cruelle.

Mon seul espoir, et certainement une parfaite utopie, était que personne ne se rende compte que je ne chantais pas. Et j'espérais que les gens pensent que je chantais doucement.

Par contre, ils verraient facilement que je ne savais pas danser.

Avec 1 m 50 et au dernier rang derrière trois types de 1 m 80, c'était plutôt évident !

J'espérais que mes parents réaliseraient qu'ils m'avaient traumatisée pour la vie en me faisant rester dans cette comédie.

Lorsque j'eus fini ma répétition de *lip-sync,* mes amies étaient parties. J'étais seule... entourée d'un tas de gens doués.

Heath me salua brièvement quand je passai près de lui, tout à sa nouvelle petite amie. Cela ne me faisait absolument rien de le voir avec cette autre fille, sauf peut-être une sorte de nausée à l'idée que cela aurait pu être moi.

Je dis au revoir aux gens de la pièce qui m'avaient parlé, et ils étaient peu nombreux, parce que, avec mon minuscule rôle, je n'avais pas eu l'occasion de me lier avec beaucoup de gens.

Je poussai la porte et sortis. Il faisait un froid glacial – mi-novembre et environ moins cent degrés à Mapleville.

Enfin, pas tout à fait moins cent, mais pas loin.

Quand je fus suffisamment loin de l'école, j'enfonçai mon bonnet de laine et enfilai mes moufles fourrées. Pas très jolies, mais chaudes. Et j'avais vingt minutes de marche à faire pour rentrer.

Quelques voitures me dépassèrent. Les élèves de dernière année de la pièce qui rentraient chez eux. La voiture de Heath passa non loin, mais les vitres étaient pleines de buée.

Une voiture venait vers moi, pleins phares. Super, maintenant j'étais aveugle. Je venais à peine d'éliminer les points noirs de ma vision quand j'entendis la voiture faire demi-tour et se mettre à rouler lentement derrière moi.

Ne te retourne pas, Blue. Je gardai la tête baissée tout en cherchant mon téléphone portable dans ma poche. Pourquoi n'avais-je pas demandé à ma mère de venir me chercher ? Il était presque neuf heures et je marchais dans le noir parce que j'étais trop fière pour appeler ma mère. Et maintenant, quelqu'un me suivait. J'étais une idiote. Et bientôt, je serais une idiote morte, j'en étais persuadée.

La voiture roula à mes côtés, mais je ne tournai pas la tête. Et si je faisais semblant d'habiter dans la maison suivante ? Il suffisait que je monte les marches et …

– Blue ?

Colin ! Je poussai un soupir de soulagement et levai la tête. C'était Colin dans son camion Bradshaw Landscaping, qui conduisait à côté de moi.

– Salut, Colin.

Je ne m'étais jamais sentie aussi soulagée de voir quelqu'un qui pouvait me faire sentir si misérable. Naturellement, personne ne m'avait jamais fait sentir aussi mal que Colin. Cette stupide Corde raide. C'était vraiment un endroit misérable.

– Tu rentres à pied ?

– Heu, heu !

– Monte.

Oh, mon Dieu ! C'était une chance d'être près de Colin ?

– Merci.

Oh, la, la ! C'était tellement dur d'être aussi près de lui que j'allais sûrement me jeter à ses pieds et le supplier de m'aimer. Pas question.

– Heu !... en fait, non, ça va ! Je vais marcher.

Est-ce que la fille était dans son camion ? Je ne la voyais pas.

Colin freina brusquement et s'arrêta net.

– Monte. Il est trop tard pour que tu marches seule dans la rue.

Avait-il lu dans mes pensées ? Nous étions devins. Il faisait froid. Et noir. Il faudrait juste que je réussisse à garder ma dignité à côté de Colin. J'étais une actrice accomplie maintenant. Je pouvais faire ça.

– OK.

Essayant de ne pas penser que j'étais dans la même voiture que Colin, j'ouvris la porte du côté passager et montai à l'intérieur. Son odeur flottait dans l'habitacle et mon estomac fit un bond.

Il attendit que j'aie bouclé ma ceinture de sécurité, puis redémarra.

Je ne savais pas quoi dire. Cela faisait presque un mois que je ne lui avais pas parlé.

– Alors… heu !… c'est le camion de ton père ?

Il eut l'air surpris.

– Non, c'est le mien. Pourquoi ?

– Ben, c'est inscrit « Bradshaw Landscaping » dessus. Je pensais que c'était le travail de ton père.

J'étais géniale pour faire la conversation ! Mais c'était mieux que de lui dire que je l'aimais et de me ridiculiser complètement.

– Bradshaw Lansdcaping est mon affaire, dit Colin. Elle m'appartient.

Je le fixai.

– Vraiment ?

– Oui.

– Ouah !

C'était trop cool. Colin possédait sa propre entreprise. En fait, non, ce n'était pas bien, je l'aimais maintenant encore plus. Je me renfrognai et croisai les bras.

Le silence s'installa.

– Comment va la pièce ? demanda-t-il au bout d'un moment.

– Bien. ?

Il me jeta un coup d'œil.

– Qu'est-ce qui ne va pas ?

Il le voyait ?

– Hum ! C'est un peu embarrassant.

– Quoi ?

Je poussai un soupir. Colin connaissait déjà tous mes défauts. Il avait une autre amie. Pas la peine d'essayer de l'impressionner. Il me manquait juste comme ami.

– J'ai un rôle non chanté, tu sais ?

– Oui.

– Eh bien, le metteur en scène a décidé que je devais être dans le final, mais il ne me fait pas chanter. Je suis au fond, derrière tous les grands types pour que personne ne puisse voir à quel point je danse mal, et je dois faire du *lip-sync*. Peux-tu y croire ? C'est la chose la plus embarrassante de ma vie.

Ma petite histoire fit fondre toute la tension qui était entre nous. Colin éclata de rire.

– Je trouve super que tu n'aies pas lâché.

– Vraiment ? Tu ne penses pas que je suis une idiote ?

– En quoi le fait de ne pas savoir chanter ni danser fait de toi une idiote ?

Il avait raison. Pourquoi après tout ?

– J'ai l'air d'une dinde sur scène.

– J'en doute.

– Tu en doutes ?

Une douce chaleur m'envahit. Après un mois sans le voir, j'aurais dû être immunisée. Mais non.

Colin serra les lèvres et tourna dans mon allée.

– On est arrivés.

– Merci.

J'imagine qu'il fallait que je sorte. Et qu'il n'avait pas l'intention de m'enfermer dans son camion et de profiter de moi. Tant pis.

– Merci. À plus tard.

Je venais tout juste d'ouvrir la porte quand sa question m'arrêta.

– Pourquoi est-ce que Heath ne t'a pas raccompagnée ce soir ?

Je pris le temps de descendre avant de me retourner vers lui. La lumière du tableau de bord éclairait à peine son visage, juste assez pour que je puisse le voir, comme le jour où il m'avait embrassée dans la stalle. Le meilleur jour de ma vie jusqu'à présent. C'était Colin. C'était le seul garçon qui connaissait mon vrai nom. Je n'avais plus envie de lui mentir. Non pas parce que je craquerais, car je ne laisserais jamais Colin deviner ce que je ressentais, mais plutôt parce que je n'en avais pas envie.

– Heath et moi ne sommes jamais sortis ensemble. Je l'ai envoyé balader le jour de notre premier rendez-vous. C'était un peloteur. Tu avais raison.

Oh, oh ! Ça m'avait échappé. Allie ne serait pas fière de moi que j'aie révélé mes vraies émotions.

– Tu… n'es jamais sortie avec Heath ?

– Seulement un soir. Une petite soirée.

Et puis, j'osai demander ce que je n'aurais jamais cru avoir le courage de demander.

– Est-ce que tu es toujours avec cette fille ?

– Oui.

– Oh !

J'étais complètement abattue.

– Il faut que j'y aille.

Je fermai la porte avant qu'il ait une chance de répondre.

J'allais me faire nonne.

Les garçons n'étaient pas pour moi.

Les lumières étaient intenses, mes jambes tremblaient et mes lèvres étaient sèches. Je levai les bras au-dessus de ma tête et bougeai les lèvres silencieusement tandis que le reste de la troupe entonnait le final.

Encore vingt secondes et ma carrière d'actrice serait finie.

Dieu merci !

Le rideau tomba, les lumières diminuèrent... j'étais libre.

Ouf !

Mes parents et mes amies étaient dans l'audience. Ils avaient assisté aux deux spectacles et m'avaient même dit qu'ils pouvaient me voir au fond de la scène pendant le final et que j'avais vraiment l'air de savoir ce que je faisais.

J'ai une famille adorable !

Tout le monde se félicitait. Certaines filles se mirent même à pleurer. Et l'espace d'un instant, je sentis une pointe de tristesse à l'idée que tout était fini. Tout s'était bien passé. Quand j'avais joué mon rôle sur scène, les gens m'avaient écoutée et personne n'avait ri.

L'une des filles de dernière année leva les pouces vers moi.

– Super travail, Blue. Tu devrais auditionner pour la pièce du printemps.

– Vraiment ?

Humm !... je n'y avais pas pensé. Le spectacle du printemps était une vraie pièce, pas une comédie. Et je m'étais bien débrouillée côté dialogue. Même Théo avait dit que mes cinq minutes étaient vraiment bonnes.

Peut-être que j'essaierai.

Une main se posa sur mon épaule et je levai les yeux.

– Salut, Heath.

– Tu viens à la soirée des artistes ce soir ?

Je n'y avais pas pensé, mais maintenant que la torture était finie...

– Peut-être.

– Tu me garderas une danse ?

Si je n'avais pas eu un sens de l'équilibre particulièrement exceptionnel, je serais tombée à la renverse.

– Quoi ?

– Une danse.

Il fit glisser ses doigts le long de mon épaule, qui était nue en raison du petit haut léopard que j'avais été forcée de porter pour le final.

– Cette tenue met en valeur ta silhouette. Elle est très jolie.

Très jolie. Il se fichait de moi !

– Et…

Quel était donc le nom de cette fille ? J'y pensais toujours en tant que l'amoureuse de Vladimir.

– … Priscilla ?

Heath haussa les épaules, laissant ses doigts glisser sur mon bras.

– On a rompu hier soir.

– Vraiment ?

– Oui.

Il me fit un grand sourire.

– Et… je suis désolé de comment les choses se sont passées entre nous. Je pensais que tu voudrais peut-être réessayer.

Quoi ? Pour qu'il m'agresse encore ? Je repoussai vivement sa main.

– Désolée, Heath, mais je ne suis pas intéressée.

– Mais si, tu l'es. Tu vas voir. Je t'attends à la sortie et je te raccompagne ?

Je levai le menton.

– Non.

Le regard de Heath vacilla.

– Blue…

– Désolée, Heath, mais je n'ai aucune envie de sortir avec toi.

Il plissa les yeux; je savais que j'avais définitivement brisé mes chances avec lui.

– Comme tu veux, dit-il sèchement.

Il fit demi-tour et s'éloigna, puis passa le bras autour des épaules de la première fille qui passait. Et ça m'était complètement égal.

– Tu ne plaisantais pas.

Mon cœur fit un bond. Je me retournai vivement. Colin se tenait devant les rideaux, une main derrière le dos, vêtu d'un treillis et d'un polo. Il était superbe.

– Qu'est-ce que tu fais là ?

– Je voulais vérifier si tu étais aussi nulle que tu le disais.

– Et ?

Mon cœur battait si fort que j'avais l'impression que tout le monde l'entendait.

– Tu étais adorable.

– Vraiment ?

Colin pensait que j'étais adorable.

Il sortit la main de derrière son dos et me tendit un bouquet.

– C'est pour toi.

Je fixai les fleurs.

– Pourquoi ?

– Les artistes ne reçoivent-elles pas un bouquet après leur spectacle ?

– Peut-être. Je ne sais pas.

Je n'arrivais pas à penser logiquement. Je regardai Colin sans bouger.

– Pourquoi fais-tu ça ?

Colin eut subitement l'air un peu nerveux.

– J'ai rompu avec ma petite amie.

Oh.

Mon.

Dieu.

– Vraiment ? Pourquoi ? Quand ? Pourquoi ?

Oh, oh ! J'avais posé deux fois la même question.

– Il y a deux jours.

Il ne dit pas pourquoi. Mon cerveau était peut-être en train de sombrer, mais j'étais au moins un peu consciente de ce qui se passait.

– Pourquoi ?

– Parce que…

Il tendit à nouveau les fleurs.

– … il y a cette fille que j'aime et je viens juste d'apprendre qu'elle était disponible.

Il sourit. Avec ce sourire spécial. Juste pour moi.

– Je pensais que je devrais lui apporter des fleurs et lui demander si elle voulait sortir avec moi un de ces jours.

– Mais tu m'as apporté des fleurs à moi.

– Exactement.

– Oh !

Je me sentais fondre et ma tête tournait un peu.

– Je me suis dit que si elle acceptait les fleurs, ça voudrait dire que j'avais une chance.

Puis, il attendit.

Allie me conseillerait sans doute de rejeter les fleurs et de mettre Colin sur la Corde raide, juste pour être sûre qu'il m'appréciait vraiment. Mais...

Je pris les fleurs.

Et il m'embrassa.

Pour vrai.

Ma vie était parfaite.

Retrouvez Blue, Frances, Natalie et Allie dans *Garçons sous surveillance*.

DEVOIRS : 0
GARÇONS : 1

Eh bien, oui, j'étudie. Beaucoup... Peut-être trop.

Et j'ai le béguin pour un gars... hyper craquant. Qui se trouve aussi à être le grand frère de mon amie Blue... et un salaud question filles.

Et d'accord, je ne le devrais pas. Et puis après ?

Est-ce que ces deux petites choses justifient le chantage de mes amies ?

– On te donne une semaine pour te faire un nouveau petit ami, sinon...

Quel genre d'amies ça peut bien être ?

Le genre d'amies qui m'obligent à mentir à mes parents...

Ce qui fait que je finis toujours par me faire punir. Et ce qui fait que ce gars-là me remarque...

Collection ROMANS PINK